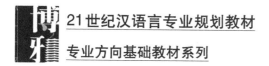

21世纪汉语言专业规划教材
专业方向基础教材系列

汉语韵律语法教程

〔美〕冯胜利　王丽娟　著

图书在版编目(CIP)数据

汉语韵律语法教程／(美)冯胜利，王丽娟著. —北京：北京大学出版社，2018.6
(21世纪汉语言专业规划教材·专业方向基础教材系列)
ISBN 978-7-301-29577-9

Ⅰ.①汉… Ⅱ.①冯… ②王… Ⅲ.①汉语–韵律（语言）–高等学校–教材 ②汉语–语法–高等学校–教材　Ⅳ.①H11 ②H14

中国版本图书馆CIP数据核字(2018)第115658号

书　　　名	汉语韵律语法教程 HANYU YUNLÜ YUFA JIAOCHENG
著作责任者	〔美〕冯胜利　王丽娟　著
责任编辑	唐娟华
标准书号	ISBN 978-7-301-29577-9
出版发行	北京大学出版社
地　　　址	北京市海淀区成府路205号　100871
网　　　址	http://www.pup.cn　新浪微博：@北京大学出版社
电子信箱	zpup@pup.cn
电　　　话	邮购部 62752015　发行部 62750672　编辑部 62767349
印刷者	北京虎彩文化传播有限公司
经销者	新华书店
	650 毫米 × 980 毫米　16开本　14印张　195千字 2018年6月第1版　2021年1月第2次印刷
定　　　价	42.00 元

未经许可，不得以任何方式复制或抄袭本书之部分或全部内容。
版权所有，侵权必究
举报电话：010-62752024　电子信箱：fd@pup.pku.edu.cn
图书如有印装质量问题，请与出版部联系，电话：010-62756370

Preface 前言

韵律语法是一个新领域，是在汉语材料的基础上建立起来的一个语言学的分支领域。

首先，韵律语法中的"语法"一词指的是"语言的法则"，而不单单是以往理解的"句法"的一个方面。其次，它的"新"还在于它以当代"韵律学"的核心思想相对凸显论（relative prominence）为基础、以汉语语法现象为对象，来发掘人类语言的普遍规律。《汉语韵律语法教程》的宗旨就是给大学本科的同学（也包括研究生）介绍韵律语法这门新的学问。《汉语韵律语法教程》是一本入门书，初学者不仅可以在书里接触到大量的汉语韵律语法现象，而且可以看到很多具有普通语言学价值的韵律语法原理是怎样在汉语的研究中被发掘出来的，如"自然音步"的发现，"自然重音"的发明，"韵律删除非法句子"的功能，"韵律激活句法运作"的作用，韵律的"形态功能"，韵律的"文体功能"，等等。不仅学句法的同学可以参考其中的韵律句法学，学语用的同学也可以参考其中的韵律语体学；不仅对语言学有兴趣的同学可以参考韵律语法的部分，对文学感兴趣的同学也可以参考韵律文学的部分。

相对人类的其他语言来说，汉语的韵律可谓得天独厚。因此，韵律语法也是一个中国传统学者千百年来关注和关心的对象和领域。尽管那时候还没有形成理论，还没有系统的方法，还没有可供承传的推演公式和理论构架，然而他们有细密的观察、切身的体验和精深的见解，因此，规律往往自然而然流到他们的笔下，出没于他们的唇吻。沈约（441—513）就说"欲使宫羽相变，低昂舛节；若前有浮声，则后须切响，一简之内，音韵尽殊，两句之中，轻重悉异"（《宋书·谢灵运传论》),可谓"相对轻重"的中国先声。当然,我们的先人所创造和富有的是砖瓦和器材,而今天的学术已经发展到关注世界万千语言的核心内质的高度。于是,以前那种闭门造车的作坊手艺已不堪其用,而大眼界、大胸怀、大理论的框架则刻不容缓。《汉语韵律语法教程》正是应此之"时"而诞生的时代产物。

不可忽略,韵律语法是中国语言学继承传统、结合西学而发展出来的中国产品——国外没有韵律句法学(prosodic syntax)[1],普通语言学也没有韵律语体学(prosodic register),国际上的韵律与文学的研究尚未结合语言的发展来揭示文学形式在其时代更替中的韵律脉络(有望构成一个将来可以独立成科的"韵律文学发展史")。再进而言之,国外恐怕也没有将文学的韵律发展纳入当代韵律语法的教材,更不要说韵律语体学。然而,这正是《汉语韵律语法教程》的一大特色,它所关注和讨论的不仅有韵律词法和韵律句法,还包含诗词之异、四六之别、骈散之法——语言和文学均在其体系之内。我们希望读者可以因此看出:虽然古今制控语言韵律和文学韵律的基本原则不变,但其表现形式或因一发之牵而撼动全身。

韵律语法具有鲜明的民族特色,其民族性表现在它构建理论、发掘现象时所体现出的当代概念的传统启示、当代方法的传统理念。举例而言,相对轻重论是 Liberman 革命性的创获,而唯有深切体会到沈约"若前有浮声,则后须切响,一简之内,音韵尽殊,两句之中,轻重悉异"的内涵,才能真正理解 Liberman 的深意所在。再如,韵律构词学(prosodic morphology)是 McCarthy & Prince 的独创,然而若不是根植于陆宗达和俞敏"开开(kai ker,动词) vs. 开开(kai kair,形容词)"的汉语语感,不能创造国外没有的形态韵律学(morphological prosody)(参本书第三章)。我们注意到当代学者评论韵律

---

[1] 国外的音系-句法还保留在 TP 范域的韵律和句法的互动上,没有 CP-TP-VP 之间的互动研究和理论。

语法时说："汉语形式语法研究的另一个重要领域是韵律语法。"[1] 大家知道,形式语法的基本原理是理性主义(rationalism),而韵律语法的理性原理不仅源于当代的形式语法,而且还根植于乾嘉的"理必"之学——道理上(而不是材料上)的必然。所以,我们现在看到的韵律语法理论体系,既不是简单的民族化的西方理论,也不是孤立的西方化的民族传统,它是传统理必和当代形式科学的融合物。它的成功让我们更加确信本书的相互发明法——用西方的精密思维发现自己的传统精华,用自己的传统精华发掘西方的学理精蕴,并进而以此为探照灯去发现、解决我们关注的事实和现象,创造我们的理论体系。韵律语法学的诞生是东西学术结合的产物;韵律语法学的发展,同样还要走东西理论兼合的道路。因此,本书关注和研究的对象不仅有普通语言学问题,如什么是韵律、什么是节律,韵律和音韵、押韵有何不同,节律和节奏、节拍有何不同,什么是韵律特征和韵律单位,音步和韵律词有何不同、如何互动等等,它更多关注的是汉语本身的韵律语法问题,如韵律构词和韵律形态有何不同?韵律如何标记句法、删除句法、激活句法?历史上,为什么上古有韵素音步,而后代转型?为什么声调发展和双音化并肩而行?为什么双音化在两汉突然暴涨?文笔之分为什么在魏晋发生?四六之文为什么始于中古?诗可吟、文可诵,吟诵之别的韵律原理是什么?古文为什么要"哼"而不能"念"?音系学上,为什么有人说"车辚辚,马萧萧,行人弓箭各在腰"的3+3+4是外来节律?为什么北京话"我们的"中重轻式,有人说是外来格式?土产还是外来如何解释?语体学上,为什么音足调实的音节和轻音轻读的音节有语体之差?为什么汉语的单双音节的对立、英文拉丁根和盎格鲁-萨克逊词汇对立都有短长对雅俗的不同?最有挑战性的问题是胡乔木1981年6月12日致信赵元任时提出:

---

[1] 李宇明主编《当代中国语言学研究》中国社会科学出版社,2016年,第199页。

中国诗歌何以由《诗经》《楚辞》的偶数字句型为主变为两汉以后的奇数字句型为主？偶数字句诗除辞赋体外，六言诗始终不流行，八言诗根本没有（当然不算新诗），奇数字句诗基本上也只限于五七言（不包括词曲），在民歌中大多数是七言。新诗出现以后，情况再变，基本上以偶数字句型为主，而且一般句子的字数也多在八言以上（这里没有考虑自由诗）。

他怀疑"是否古汉语的发展在此期间出现了某种重要变化"。从本书及其相关的讨论里，读者可以了解到：古汉语在两汉以前是综合型语言，两汉以后发生了类型性变化，变为分析型语言。同时还可以看到：语言类型的改变为我们解释文学形式的变化，提供了语言学上的根据。这就给我们打开了一个新的窗口，让我们看到了绚丽的风景和精彩的图画，让我们不仅可以看到汉语的昨天、今天，而且可以看到汉语的方言，还可以看到汉语的文学和语体。今天"韵律语法研究"的研究范围已经扩大到韵律的各个方面。著名语言学家Simpson（2014：489）评论汉语韵律语法时说：

将来的韵律与语法的相互作用的研究，无论是跨方言的共时研究，还是历时研究（这是可能的），都是未来汉语语言学研究中一个丰富而内容充实的领域，是一个汉语可以为有关人类语言的普通语言学理论做出重要贡献的领域。

这既是对今天汉语韵律语法研究的总结，也为有志发展这个领域的后来者设定了奋斗的目标——用汉语韵律语法的研究，为人类语言的普遍理论做出自己的贡献！

冯胜利　王丽娟

Contents 目录

第一章　导论——从韵律句法学的建立和发展看什么是韵律语法　/1

　　1. 韵律句法学发展的主要阶段

　　2. 韵律句法学的由来——为解决句法学上的不解之谜

　　3. 似是而非中的抉择

　　4. 汉语韵律句法学的新进展

　　5. 结语

第二章　韵律语法的基本概念和原理　/33

第一节　与韵律相关的几个概念　/33

　　1. 什么是韵律

　　2. 韵律和音韵

　　3. 韵律和押韵

　　4. 节奏、节律、节拍

第二节　韵律特征与韵律单位　/44

　　1. 韵律特征

　　2. 韵律单位

第三节　语法的含义与类别　/63

第四节　韵律语法　/64

　　1. 韵律单位与语法单位的关联

　　2. 韵律结构与语法结构的对应与错位

　　3. 韵律规则与语法规则的互动

第三章　韵律与词法　/75

第一节　韵律词法的界面单位　/75

第二节　韵律词法的作用机制——自然音步和最小词　/78

  1. 自然音步

  2. 最小词

第三节　韵律对词法的作用——韵律构词和韵律形态　/83

  1. 韵律构词

  2. 韵律形态

第四章　韵律与句法　/93

第一节　句法的含义及特点　/93

  1. 什么是句法

  2. 汉语的句法特点

第二节　韵律句法的界面单位　/95

  1. 韵律黏附组

  2. 韵律短语

第三节　韵律句法的作用机制——核心重音　/99

第四节　韵律对句法的作用——标记、删除与激活　/102

  1. 韵律标记句法

  2. 韵律删除句法

  3. 韵律激活句法

第五章　韵律与语体　/128

第一节　书面语法的独立性　/130

第二节　二元对立的"拉距"系统　/132

第三节　三维互立的语体系统　/136

第四节　语体的语法属性　/143

第五节　语体语法的鉴定标准　/147

第六章　韵律与文学　/152
第一节　汉语诗歌构造的韵律条件　/153
第二节　齐整律　/158
第三节　长短律　/160
第四节　悬差律　/164
第五节　机制互动的文学效应　/169

第七章　结束语——理论、方法与素质　/175

参考文献　/183

术语表　/204

第一章 导论

——从韵律句法学的建立和发展看什么是韵律语法

韵律语法（prosodic grammar）是以韵律学为基础来研究语法的一门学问。语法，传统的定义指句法，现在指的是"语言的法则"。语言从不同的层面来研究则有不同的范畴和法则，譬如语音有语音法则、韵律（prosody）有韵律法则、构词有构词法、造句有造句法、语义有语义法则、语体有语体法则。语法是语言不同层面的法则的统称。韵律语法就是研究韵律和上述不同层面的法则的界面互动。换言之，韵律语法包括韵律音系学、韵律构词学、韵律句法学、韵律语体学、韵律诗体学等不同的子学科。它是一个立场单一（站在韵律的立场上）、角度多维（关照不同的对象）的新兴学科。正因如此，韵律学是它的基础。韵律学是 Liberman 1975 年创建的。他与 Prince 1977 年合写的 *On Stress and Linguistic Rhythm*（发表于 *Linguistic Inquiry* 8: 249-336）奠定了当代韵律学 (metrical phonology) 的理论基础。[1] 韵律语法指的是韵律界面的语法现象，其中的韵律构词学是上世纪 80 年代建立起来的（参 McCarthy & Prince 1986），韵律句法学是 90 年代初提出、90 年代末才建立起来的（参 Zec & Inckales 1990，Feng 1991、1995），而汉语韵律语体

---

[1] 虽然在 Liberman 之前，如 Grahm (1969) 也提出过韵律结构的概念 (The Archaic Chinese Pronouns, *Asia Major* 15/1)，但相对凸显的思想体系是 Liberman 的贡献。Ladd 在他的 *Intonational Phonology* (2008: 55) 一书中说："Metrical Phonology begins with Liberman's notion that linguistic prominence crucially involves a relation between nodes in a binary-branching tree structure."

学(prosodic register)（韵律制约的语体形式的不同）和韵律诗体学(poetic prosody)（韵律制约的诗歌行律的发展）则是近十年来的产物。

因为韵律句法是以汉语语言现象建立起来的，所以下面有关韵律语法的介绍主要集中在韵律句法学上面。

我们知道，Zec & Inkelas（1990）提出过"韵律控制句法"的主张，但此后他们一直没有提出更多的材料和严密的论证，让韵律控制句法现象成为一个系统的理论。冯胜利从 1991 年（*Prosodic Structure and Word Order Change in Chinese*）到 1995 年（*Prosodic Structure and Prosodically Constrained Syntax in Chinese*），在发掘古今汉语韵律句法现象的基础上，构建了一个韵律制约句法的理论框架。二十几年来，韵律句法学的事实和理论不断得到充实、完善和发展，如今已得到国际语言学理论的认同。Simpson（2014：489）说："将来韵律与语法的相互作用的研究，无论是跨方言的共时研究，还是历时的研究（这是有可能性的），都是未来汉语语言学研究中一个丰富而内容充实的领域，是汉语可以为'有关人类语言的普通语言学理论'做出重要贡献的一个领域。"正因如此，针对一门以汉语为基础而建立的新兴学科，尤其是它近年来令人瞩目的实践成果和理论潜力，总结和回顾它的历程，展望它的发展，不仅对初学者有帮助，对学术史的研究以及该学科的成长和发展，也有现实意义和作用。

韵律句法学是一个跨学科性的新领域。其中韵律音系学是韵律句法学直接运用的理论工具。韵律句法学离不开句法学，但是传统的直接成分分析法无法帮助我们揭示"韵律–句法"之间的本质关系，因此韵律句法学采用当代形式句法学的理论。当代句法理论和传统句法分析的一个重要区别就在于：传统的切分法是线性或平面结构，而当代的句法结构是立体的层级结构（hierarchical structure），它在区分不同的运作层面（level of operation）时，有一套可供操作的原则（principles）和参数（parameters）。韵律句法学（prosodic syntax）就是以当代韵律音系学和形式句法学为工具而构建的一种"语音–句法"交互作用的界面理论。因此，研究韵律句法学，必须首先具备韵律音系学和形式句法学的专业基础和技能。

韵律句法学所主张的"韵律制约句法"的理念二十多年前在西方语言学理论中没有得到广泛认同。虽然有的西方学者如 Zec 也看到 "prosodically constrained syntax（韵律制约句法）"的现象，但还没有明确地提出 prosodic syntax 的概念和理论。韵律句法之所以没有引起西方学者注意的主要原因有两个。第一，西方语言（如印欧语）不像汉语那样直接受到韵律的制约。缺乏材料，没有足够的事实，所以很难认同以汉语为基础的理论（就像很多汉语语言学家很难认同汉语无法直接印证的西方理论一样）。其次，西方语言学理论一般都把语言的各个层面（语音、语义、句法）看作彼此独立的自主范畴，尤其是句法——它不能和其他层面有交互作用（interaction）。语言平面之间即使有交互作用的界面（interface），也只在语音和语义、语义和句法之间进行；语音和句法之间，只能单向作用（句法影响语音），不能反向作用（语音影响句法）。换言之，语音只能接纳句法制造的产品，然后对之进行加工。句法产品如不合格，可以"报废"（rule out / 删除），但不能"退货"，亦即不可能让句法（据韵律需要）重新制造合乎韵律的产品。因此，在当代主流的语言学理论体系中，语音充其量是个过滤器（filter），不可能回馈和影响句法的生产过程。上述两点足以使西方语言学界难以认同自己"语言中没有"（可能是没有发现）而主流理论又不允许的"语音向句法'退货'"的机制和主张。

然而，"句法自主"（autonomous syntax）的理论潜含一个内在的悖论。我们知道，韵律构词学（prosodic morphology）是当代主流语言学的一个分支，该理论的核心观点是韵律控制构词。譬如，英文可以说 smaller、bigger，但是不能说 *beautifuler、*difficulter，非说成 more beautiful、more difficult 不可。为什么呢？因为后者音节太多。因此英文里形容词能不能加 -er 取决于该词词干的长短（严格地说，取决于词干的韵律规格）。这显然是韵律在控制构词，所以叫作"韵律构词法"。此外，我们还知道，在生成语言学里面（无论生成音系学、生成语义学还是生成句法学），词法就是句法。[1]这就不可避免地造成悖论，因为上述两点的逻辑必然是：韵律一定会控制句法。为什么？很简单，如果韵律控制词法（前提一），而词法就是句法（前提二），那么韵律控制句法就是逻辑的必然。然而，根据"句法自主"说的主张，语法机制不允许韵律对句法进行控制。这就给该理论体系埋下了一个潜在的悖论：根据自主理论，句法不能让韵律制约；根据词法即句法的理论，句法无法不让韵律制约——前跋后疐，进退两难。然而，由于"句法自主"和"词法即句法"都是形式句法学理论中不同层面的普遍原则，所以其中潜在的矛盾无论人们习焉而不察，还是察之而未言，[2] 这两条基本原理不可同日而立。[3]

正因如此，韵律句法学的体系虽然一开始就不合于前形式句法理论中"句法自主"的理论主张，但它并没有停止建立自己的理论根据（以最简方案为基础的后形式句法理论所兼容的韵律-句法的界面互动），更没有妨碍它在实践中取得瞩目成果。事实上，韵律句法学就是在这样的学术环境中，一步一步地把生成韵律学和生成句法学中的界面成分有机地结合起来，不仅构建出一个独立可行的理论体系，同时揭示出大量未曾发觉的汉语事实。二十几年来，它

1　参 Pavol Stekauer & Rochelle Lieber（2005）*Handbook of Word Formation*（Spinger）一书，尤其是 7.2 中 Syntactic Morphology 一节。

2　参 Rene Kager & Wim Zonneveld (1999) *Phrasal Phonology* (Nijmegen University Press) 一书的 Introduction，第 22 页。

3　譬如，第 39 届 NELS（2008 年 11 月 7 日—9 日于美国康奈尔大学举行）的宣传单上说："The design of the grammar is standardly assumed to be complex, involving components such as phonetics, phonology, syntax and semantics. The initial view that components of the grammar are autonomous has proven to be overly strong, and more and more cases of interfaces among components have been documented. This in turn opens questions about the extent and nature of such interfaces: is there a line between interacting components and components without borders?" It may be the first time that formal linguist admitted the view that components of the grammar are autonomous has proven to be overly strong."

大抵上经历了如下几个重要的发展阶段。

1. 韵律句法学发展的主要阶段

汉语韵律句法学的原始思考是在 1990 年 *Prosodic Structure and Word Order Change in Chinese*（汉语的韵律结构与句法演变）一文中表现和萌发出来的（该文载于 *The PENN Review of Linguistics* 1991(15): 21-35）。当时还没有"韵律句法（学）"这个词。事实上，该文在 1991 年北美国际汉语语言学会上宣讲时，受到很多的批评和质疑。有幸的是，韵律句法的探讨没有因此而停滞。汉语的事实坚定了我们探索的信心，于是坚持到第二个阶段，亦即"理论的初创阶段"——建立起韵律和句法的互动体系。这一阶段的主要思考和构想见于《论上古汉语的宾语倒置与重音转移》(《语言研究》1994(1): 79-93) 和《汉语的韵律及其对句法结构的制约》(《语言研究》1996(1): 108-127) 这两篇文章。

我们知道，韵律指的是语音的轻重、声调的高低、音节的长短和词语的大小等等。它们和句法有什么关系呢？这是韵律句法学所以成立以及能否成立的关键所在。对此，上面的文章提出两个新的观点：(1) 韵律是语言诸多平面（语音、语义、句法）中的一个独立的平面；(2) 韵律控制句法是动词指派核心重音 (nuclear stress, 简称 NS) 的结果。该文把 Liberman 核心重音的理论句法化，认为它既是句法结构的表现，同时也反过来对句法结构施加影响。因此，必须把韵律作为一个独立的语言平面，才能看出它和其他平面之间的互动关系。这些当时颇为"离经叛道""不可思议"的思想，今天都已经成为韵律语法领域的基本原理和共识。

第一阶段的主要工作是提出了核心重音的句法性质，解决了当时句法学上激烈讨论的一些难题（见下文），但与此同时也带来了新的问题。譬如：

(1) 负责<u>护理</u>工作　　*负责任护理工作
　　写<u>通</u>文章　　　　*写通顺文章

在没有发现核心重音的句法功能之前，上面的现象从来没有引起过人们的注意。因为"负责……工作"对人们来说，习以为常，谁也不会去想"*负责任工作"的非法事实。1996年夏，四川大学暑期班的韵律句法学课上，董秀芳联想到"动补结构"受核心重音制控的现象：两个音节的[动+补]形式如"打牢"一般都可以带宾语（打牢基础），而三个音节的[动+补]就不能自由自在地带宾语了（*打牢固基础）。[1] 这篇文章给韵律句法学提出了一个重要的问题：音节的长短与核心重音的指派有什么关系？这个问题后来激发出"韵律构词与韵律句法"之间相互作用的思考。从1997到2000年，不仅大量的韵律构词与句法交互作用的新现象被发掘出来（参下文），而且"韵律构词与韵律句法交互作用"的理论模式（提出"最小词"等概念）基本完成了。这是韵律句法学发展的第三个阶段，主要成果有"述补带宾句式中的韵律制约"（董秀芳1998）、《汉语韵律句法学》（冯胜利2000）、*The Prosodic Syntax of Chinese*（Feng 2002）等等。

韵律句法学的核心是普通重音（也叫核心重音），普通重音在汉语里是通过主要动词实现的。汉语如此，那么其他语言如何呢？没有其他语言的比照与支持，汉语所以如此的根据就不具备语言学上的一般意义。研究汉语而不关注其他语言的相关规律，不啻于封闭汉语的学术研究。因此，以发掘汉语以外核心重音的不同类型为目标的研究，标志着第四个阶段的研究特征。2003年冯胜利在 *Prosodically Constrained Postverbal PPs in Mandarin Chinese*（《后置介宾短语的韵律制约》）（载于 *Linguistics* 6: 1085–1122）一文中，总结出迄今核心重音的不同类型：

---

[1] 后来董秀芳的文章发表在1998年《语言研究》第1期上。

（2a）**Nuclear Stress Rule**（核心重音，Liberman and Prince 1977）
For any pair of sister nodes [N$_1$ N$_2$], then: If [N$_1$ N$_2$]$_P$ where P is a phrasal category, then N$_2$ is strong.

（2b）**Depth Stress Principal**（深重原则，Cinque, Guglielmo 1993）[1]
在结构上内嵌最深（most embedded）的成分得到重音。

（2c）**Selectionally-based NSR**（选择原则，Zubizarreta 1998）
Given two sister nodes C$_i$ and C$_j$, if C$_i$ and C$_j$ are selectionally ordered, the one lower in the selectional ordering is more prominent.

（2d）**Dominate / Govern**（支配原则，Feng 1995）
句中主要动词直接支配（dominate / govern）的成分得到重音。

根据 Liberman 的研究，人类语言的核心重音都是通过句中的一个短语来实现的。至于什么样的短语可以实现核心重音，则因语言的不同而不同。罗曼语（如西班牙语）以最后一个短语为范域，日耳曼语（如德语）在动词选择的范域内实现重音，汉语则在动词管辖的范域实现核心重音。有了这样的类型比较，汉语重音的指派规则就是普遍原则下的一个不同实例。当代语言学的科学内质，就是以"始于普遍，发现特殊，归于一般"为标志，如果只讲特殊而无一般，那么很难洞悉特殊的普遍属性。

作为一门新兴学科，韵律句法学有了自己理论和类型学上的根据，2003 年前后便有了大幅度的发展。有的学者评论道：韵律句法现象已经包括"'把'字句、'被'字句、主题句等句子中宾语位置的移动，动词之后的介宾结构中的介词贴附在动词上，历史上介

---

[1] Cinque, Guglielmo. A null theory of phrase and compound stress. *Linguistic Inquiry*, 1993(24): 239–297.

宾结构位置从动词后向动词前的转移、SOV结构向SVO结构的转移，以及'被'字句和'把'字句的产生和发展等历史句法问题"。事实上还不仅如此，在"说'们'的位置——从句法-韵律的界面谈起"一文中，蔡维天、冯胜利（2005）还进一步把韵律句法学的解释范围推向了VP与DP之间的相互作用，可见其发展迅速。当然，也有人怀疑："韵律对句法的作用会有这么大吗？"（袁毓林2007）事实上，科学研究中规律"作用的大小"不是最初关注的对象，而其真（true）与不真才是根本的问题。对韵律句法而言，如果韵律对句法真的有作用，那么这种作用大也好，小也好，都不是理论的核心问题。就像科学定律的发现，其存在与否是致命的，其功能的大小是次要的。韵律为什么会对句法有作用才是实质问题。这个问题把韵律句法学的发展推向第五个阶段——韵律的形态功能。2007年冯胜利在第十七届IACL的年会上提出这个问题并加以论证：韵律所以影响词法和句法的原因在于韵律本身具有形态的功能（参冯胜利2009a, b）。王丽娟（2009）则从汉语的词法和句法的多层角度，进一步论证了在音段形态和超音段形态的选择中，汉语走的是超音段形态的道路（见下文）。我们知道，在当代形式句法学理论中，形态决定着人类语言之间的差异和不同。如果韵律本身就是形态的（一种）手段的话，那么我们面对的就不是"韵律作用会有这么大吗"的问题，而是汉语是不是像人们一直认为的那样，是一个没有形态的语言。显然，如果韵律具有形态的功能，那么韵律句法学不啻帮助我们发现了人类语言不同的形态模式——韵律形态。这不仅对普通语言学的理论是一个重要的补充，对所谓汉语缺乏形态的传统看法，更是一种挑战和补正。

在这种全新的观念推动之下，韵律句法学最近十几年的研究又取得了长足的进展。较为重要的方面有：核心重音指派法的实验语音学研究（邓丹等2008）、核心重音对嵌偶词分布的制约（黄梅2008），我们将在导论的第四部分进行专门的介绍。

2. 韵律句法学的由来——为解决句法学上的不解之谜

半个多世纪以来的语言学经历了一次重大的学术转型：从比较/结构语言学（comparative/structural linguistics）转向了形式科学语言学（linguistics as a formal science）。韵律句法学正是借助形式科学的优势而建立起来的。它凭着对原始材料公理性的直觉，发现了一批汉语基础句法的不规则现象。韵律句法学的初衷直接导源于对汉语特殊的语法行为的关照：汉语的动词后面不容有两个成分（双宾语例外）[1]。为什么？这是句法学上的一个不解之谜，譬如：

（3a）* 张三每天打电话三次 (VO + frequency phrase)
（3b）* 张三每天打电话两个钟头 (VO + duration phrase)
（3c）* 张三吃饭得很快 (resultative de-clause)
（3d）* 张三贴画在墙上 (VO+PP)

例（3）中的四句话在其他语言中都能说[2]，但是汉语不行，为什么呢？这显然是句法问题。黄正德先生的解决方法是用**短语结构限定条件**（Huang 1984）：

（4）**Phrase Structure Constraint**（短语结构限定条件，以下简称 PSC）
Within a given sentence in Chinese, the head (the verb or VP) may branch to the left only once, and only on the lowest level of expansion.
中文句子的构造，动词短语 (VP) 的核心词只能向左分支一次，而且只在扩展的最低层。

---

[1] 动词后面不能有两个成分，不是指双宾语，因为双宾语结构哪种语言都有，不足为怪。

[2] 当然要视语言的语法体系而定，譬如无动补结构的语言自然没有（3c）。

（5a）的结构里核心词只向左分支了一次，动词后只带一个成分；（5b）的结构里核心词向左分支了两次，于是动词后带有两个成分。因此，（5b）的结构不是合法结构，因为 VP 下的核心词，在汉语中，不允许向左分支两次。这样，我们可以通过汉语的"短语结构限定条件"（PSC）说明（3）中的问题。"*张三每天打电话三次"，动词"打"后带有两个成分（"电话"和"三次"），因此句子不能成立。同样，"*张三每天打电话两个钟头""*张三吃饭得很快""*张三贴画在墙上"这几句中的动词后也都带了两个成分，也都不能成立。可见黄正德的理论在上世纪90年代初期，的确概括了汉语中的一个重要现象。但是，汉语为什么会有如此特别的句法组织，PSC 很难给出一个原理性的答案。因此，汉语句子所以怪异的原因，仍然不得而知。从另一方面看，这种特设的短语结构限定条件，并不能贯彻到底，因为该限定并不能解释下面的现象。譬如：

（6a）今天我看见他三次。
（6b）在北京我学过它三年。

（6a–b）和（3a–b）的结构一样：动词后都有两个成分。可是一个合法，一个不合法。可见（3a–b）所以不合法的原因，不能简单归结为 PSC 的限制。[1]

---

[1] Huang 在 1994 的文章中对 1984 的 PSC 又作补充修改，但是仍然很难回答为什么 PSC 效应在其他语言中没有的原因。

2.1 更多的不解之迷

要揭示汉语短语结构限定条件的句法奥秘,不能不关注下面的句法现象:

（7a）* 那本书,他 [放 – 了] [在 桌子上]。
（7b） 那本书,他 [[放在] – 了] [桌子上]。

虽然(7)中的句子都符合PSC的限定——动词后面只有一个"介宾短语",但是（7a）不能说。这些例子表面看来和"动词后两个成分的限定"毫不相干,但值得注意的是,汉语的动词不能直接带 [介词 + 宾语],非得把介词变成动词的一部分,才能带介词的宾语。这也是汉语句法的一个谜。是什么因素必须把介词"消灭"之后,动词才能带上（介词的）宾语呢?下面的例子具有相当的启发性。

（8a）收徒少林寺　　　*收徒弟少林寺[1]
（8b）负责护理工作　　*负责任护理工作
（8c）关严窗户　　　　*关严实窗户
（8d）简化手续　　　　*简单化手续

---

1 这里还有更多的例子,如:赠书希望工程、转会黄马队、连线前方记者、联手工商管理部门、挂帅井冈山、圆梦中国、丝绸之路揭幕巴黎、意大利队饮恨波尔图、走马江湖道、走马世界杯、浣衣清水溪、打虎景阳冈、遇难狮驼岭、进香戒台寺、做客滕王阁、洒泪秋风前、洒泪演播室、著书高窗下、著书黄叶村、追梦雅典、圆梦广西、圆梦奥运会、赏花植物园、献舞黄金周、献歌亚运、情满珠江、月满轩尼诗、听戏高楼、开店王府井、进货中国、甩货中关村、泼血总统府、调水三峡、露脸春晚、购书西单大厦、种花南山下、停车绿化带……

(8a)的"*收徒弟少林寺"与"收徒少林寺"的结构相同,所不同者只在于"收"的对象是"徒"还是"徒弟"。他例亦然:"负责、关严、简化"后面都可以带宾语,而"负责任""关严实""简单化"后面都不可以带宾语。表面看来它们和(6)(7)中的例子毫不相干,但值得注意的是,宾语多了一个字,动词后面就可能被分析成两个成分,如:

(9)收+徒弟+少林寺
    负+责任+护理工作
    关+严实+窗户
    化+简单+手续 (参下文有关句法分析)

动词带两个成分的句子当然不合法。然而,这里问题的关键是:动词后面"成分个数的多少"和"宾语字数的多少"直接相关。这种现象,句法解释不了,因为句法和音节的数量没有关系。韵律句法学就是从关注、分析和综合解释这些现象的尝试中,发生和发展起来的。

韵律句法学的理论内容固然很多,但最核心的概念是核心重音。什么叫核心重音?首先,它不是对比重音,不是特殊焦点重音,也不是说话的语调。须知:一个句子无论哪个成分都可携带重音。例如:"我喜欢张三","我"可以重读,表示是"我"喜欢张三,不是别人喜欢张三;"喜欢"可以重读,表示"喜欢"而不是讨厌张三;"张三"也可以重读,表示喜欢的是"张三"而不是其他人。这些都不是核心重音。核心重音英文叫 nuclear stress(NS),是语句"广域"焦点(或宽焦)下的"自然重音"(不受任何狭域焦点影响的重音格式),亦即回答"What happened/ 怎么回事儿"一类问句的重音格式。一个句子只有一个核心重音,而这个核心重音是要通过句法结构来实现的,所以,一谈到宽焦,就不单单是韵律问题,必然涉及宽焦重音如何实现的句法问题。这是韵律解决句法问题的基本规则、是韵律和句法结合的综合要求——没有句法不叫韵律句法学，没有韵律也不叫韵律句法学。当然，只被句法所控制的韵律体系，不叫韵律句法学（可以叫作句法韵律学）；而只有通过韵律解决句法的问题、只有韵律控制句法的理论体系，才叫韵律句法学。就是说，韵律句法学不是用来解决韵律或音系问题的，而是用来解决句法问题的。韵律怎么能解决句法问题呢？试想，韵律如果不和句法结构发生关系，它是无法对句法进行制控的。韵律句法学的基本规则是：核心重音制控句法。

谈韵律句法不能不谈宽焦，谈宽焦不能不谈重音，谈重音不能不关注重音的实现方式。根据最近实验语音学的研究，焦点重音主要是通过提高高音点来实现的（Xu 1999）。与此同时，大量的事实还告诉我们重音的另一面：核心重音是通过音节的多少（或长短）来实现的（负载核心重音的宾语不能短于动词，即其一例）。比较：

（10）A：他干什么呢？
　　　 B：他在*阅读报/*清理库/*种植树/*浇灌花/*维修灯/*饲养马/*修理车。
　　　 C：他在读报纸/清仓库/种果树/浇花/修灯/养马/修车。

（10）中的事实告诉我们：宽焦以长短为体的韵律表现不可否认。如果（像最近某些实验语音学家主张的那样）重音仅以音高来定义的话，那么（9）中"句法对立的韵律现象"就不是重音的表现。然而，广焦上面音节长短的句法对立即10（B-C）不是重音是什么呢？音节长短是韵律，整句的焦点是广焦，于是，我们面对的就是：如何通过韵律音系学的理论来解释这些广域焦点上句法对立的长短音节的韵律属性。这里，我们的建议是：宽焦和窄焦的重音实现方式可能不同。宽焦是长度（时长），窄焦是高度（提高高音点）。我们不能用一种重音的实现方式来否认其他重音类型的实现方式。语言是复杂的，不仅含有各种各样的因素，同时它还使用各种各样的办法去实现或标记不同要素的语法功能和属性。

2.2 韵律制约句法的机制

如上所述，如果核心重音的韵律表现是长短，那么如何决定"哪儿多哪儿少""何长何短"的环境与对象呢？就是说，句法上实现核心重音的机制是什么？经过多年反复的研究与实验，我们提出下面的运作程序：给出两个姊妹节点，亦即共享一个高节点的并列成分 C1 和 C2，如果 C1 和 C2 其中一个核心词是动词，另一个是动词选择的对象（亦即补述语 complement，包括宾语、补语、介宾等），那么，这个核心词（动词）和它后面的成分就组成一个"短长/轻重"的韵律单位。根据深重原则（2b），动词后被选择成分则比较凸显（因为宾语内嵌最深故较重）。不仅如此，中文宽焦的实现方法为"管辖式核心重音（G–NSR）"（2a），亦即，C2 一定要被 C1 直接支配（即 C2 是 C1 的姊妹节点）[1]，如（11a）所示。注意：（11b）不成立，因为 C1 不能直接支配 C2（中间被一个 XP 挡着）。显然，（11）和（5）有异曲同工之妙：动词后只允许有一个合法成分。

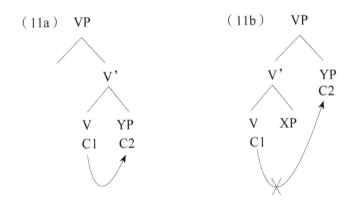

---

1 Government-based Nuclear Stress Rule (GNSR, Feng 1995/2003): Given two sister nodes C1 and C2, if C1 and C2 are selectionally ordered, the one lower in selectional ordering and containing an element governed by the selector is more prominent.

有了这一原则,前面(3)中不合法的句子就可以顺利删除。(3a)中"打电话"的"电话"接受重音,后面的"三次"因为没有重音而不可接受。同理,(3b)中"打电话"后面的"两个钟头"、(3c)中"吃饭"后面的"很快"、(3d)中"贴画"的"在墙上",都因为没有重音而不合"韵律句法"之法。(11)比(5)有优越性,因为如果动词后的宾语不带重音(如代词和定指成分),那么动词后的第二个成分是允许的。这就是(6)中的句子都合法的原因。(11)的优越性在于否定了"动词后不能有两个成分"的笼统说法,因为如果其中一个成分不带重音,那么动词后有两个成分是允许的。

不仅如此,核心重音的指派法还能够解释更多的 PSC 所不能解释的现象。比如前面(7)中的句子,为什么必须把介词变成动词的一部分,动词才能携带介词的宾语呢?我们先看句法。"放在桌子上"里面的"放"是核心词,但是"放"无法把核心重音指派到"桌子上",因为"桌子上"被"在"管辖,而不为"放"所管辖。从结构上说,"放"因为"在"的阻拦(blocking),无法跨过"在"把重音指派给"桌子上",这就是(7a)为什么不能说的原因(为方便起见,复述于下):

(12)(=7)
  a. *那本书,他 [放 – 了] [在 桌子上]。
  b. 那本书,他 [[放在] – 了] [桌子上]。

如果要让(7a)合法,就需要把"拦路"的介词("在")"清除"出去或者"隐藏"起来。如何做到这一点呢?这就需要启用句法上的并入/吸入(incorporation)或核心词移位(head-to-head movement),如下图所示:

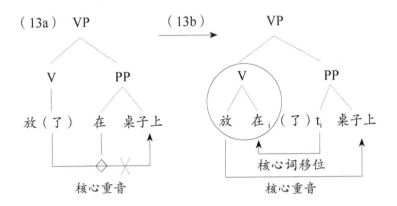

介词"在"通过核心词移位附加（adjoin）到前面 V 的节点，组成一个新的核心词"放在了"，"在"不再是新核心词管辖宾语（"桌子上"）时候的语障了，所以由此生成的句子（7b）也就合法了。表面看来，这里"介词并入"的运作与"动词后有两个成分"的限定毫不相干，然而，（6）中例子告诉我们，"动词后不能有两个成分"的限定无法成立；而（11）则告诉我们，动词后不能有的是两个"参重"成分[1]，这样一来，"介词并入"和"不容许两个参重成分"的限定就成了一张纸的两面：一面是句子的核心重音不能指派给两个参重成分（所以（3）中的句子不合法）；另一面是核心范域的参重成分不能没有核心重音（所以（7a）不合法）。显然，汉语动词后成分的"个数"多少的限定，不过是一种"副现象"（epiphenomenon），其背后操纵的是核心重音。

---

[1] "参重成分"指的是"句子重音结构分派对象中的非轻读（或显性）成分。因其必须参与接受重音结构的分析，为方便起见，暂名之曰"参重成分"。

3. 似是而非中的抉择

核心重音的指派，不仅解决了 PSC 所涵盖的现象，而且还连带发掘出一批表面毫不相关、实则同出一源的句法现象，如前（8）所见（为方便起见重列于下）：

（14）（=8）
    a. 收徒少林寺　　　　a'.*收徒弟少林寺
    b. 负责护理工作　　　b'.*负责任护理工作
    c. 关严窗户　　　　　c'.*关严实窗户
    d. 简化手续　　　　　d'.*简单化手续

在没有发现核心重音的句法作用以前，上面的现象没有引起过人们的注意[1]。既然"收徒山神庙"可以说，人们想不到"*收徒弟山神庙"不能说。句法上说，"收徒"和"收徒弟"、"负责"和"负责任"、"关严"和"关严实"、"简化"和"简单化"，结构相同，所以也没有线索让自然的现象表现出非法的情景。然而，（8）中左右两边合法（8a-d）与非法（8a'-d'）的语感与事实不容否认；而其合法与否的不同，只在于宾语音节的数量：一个音节的（"徒"）合法；两个音节的（"徒弟"）不合法。换言之，三个音节的 [动+宾]，不能再带宾语[2]。这显然是韵律决定句法的现象。核心重音的研究，促使我们发现了以前未曾注意到的新现象，开辟了以前未曾有过的新领域。

然而，如果说决定句法的韵律是核心重音，那么"收徒"和"收徒弟"在携带外宾语（extra argument）的句法韵律条件上，有何不同呢？换言之，核心重音的指派如何生成"收徒少林寺"？如何剔除"*

---

[1] 动补结构的韵律表现在董秀芳（1998）的系统研究之前也曾有人提出过。
[2] 或者称为外宾语（extra argument）。

收徒弟少林寺"？前面说过，"收＋徒弟＋少林寺"可以分析成动词"收"后出现了两个成分，因此后一参重成分(少林寺)得不到重音，故而句子不合法。因此，核心重音可以解决这里的问题。然而仔细分析就会发现，其中还有一个更深的问题：核心重音无法告诉我们为什么"收＋徒＋少林寺"中的"收"后面能有两个成分（"徒"和"少林寺"）；也无法告诉我们为什么"徒"不算一个独立的成分（所以"收徒"可以再带宾语），而"徒弟"就是一个独立成分（所以"收徒弟"不能再带宾语）。显然，核心重音的指派规则不能解决这里的全部问题。这当然是好事，因为它说明这里的韵律机制很复杂，并非简单的一条核心重音规律就能解决问题，因此我们需要建立更全面的理论体系来解释这些新见的现象。

面对"收徒"与"收徒弟"的对立，冯胜利（2006、2009）提出汉语"最小词"（minimal word）的概念以及"左向为语"的"韵律形态句法（prosodic morphosyntax）"的规则[1]。在这个新的体系里，"收徒"是最小词（标准音步），因此可以成词（句法词或合成词）。如果"收徒"是一个词，自然可以带宾语，所以"收徒山神庙"文从字顺。然而，"收徒弟"则是"左向为语"。如果"收徒弟"是一个短语，那么核心重音就会通过"收"把重音指派给"徒弟"。这样一来，"少林寺"就得不到重音，所以"*收徒弟少林寺"就不能说了。

显然，这里的核心重音是在"最小词"和"左向为语"的基础之上发生作用的——光凭核心重音无法解决"*收徒弟少林寺"的非法问题，因为这里遇到的是韵律构词和韵律句法相互作用的问题。然而，有没有可能不用核心重音，只通过"最小词"和"左向

---

[1] 注意，[1+1] 双音节音步无向或双向（包括由它组成的 [2+2] 音步），而左向音步只能是 [1+2] 或者 [1+X ≥ 2]。又，这里左向音步的句法结构，指的是核心词和补述语的关系。

为语"等规则来解决这里的问题呢?譬如:[1]

(15)

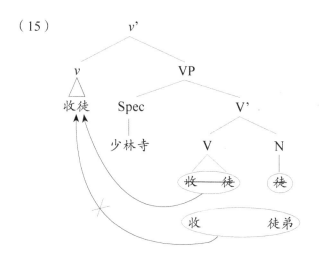

我们可以设想:"收徒"是最小韵律词,所以可以根据邹柯(2003)、冯胜利(2005)提出的句法并入运作(incorporation),将"徒"并入"收",组成一个句法词;然后移入空动词 v 的位置,生成"收徒山神庙"的句子。这种运作无法生成"收徒弟少林寺",因为"收徒弟"不是最小词;根据"右向为语"的要求,它只能是动宾短语。如果是短语,那么"徒弟"就不能上移到"收"和它组成一个句法词。"收徒弟"不能组成一个句法词,自然也就无法上移到 v 的位置;不能上移到 v 的位置,自然也就无法生成"*收徒弟少林寺"这样的句子了。可见,只一个"左向为语"(亦即不用

---

[1] 这里宾语 N 右附并入 V 的移位运作,邹柯(2003)在 "*Verb-Noun Compounds in Chinese*" 一文中建议:"If such head movement is taken as a kind of PF movement... with respect to recent proposals that there is only phrasal movement in Narrow Syntax, then it would be possible to interpret the incorporation (并入) of the monosyllabic [N.sub.1] *ren* 人 into the monosyllabic V *cai* 裁 as required by such a prosodic requirement for syllabic foot binarity as the Minimal-Word Condition (Feng 2003)." 就是说,这里并入是韵律迫使的句法移位,因此不同于一般句法驱动的"左附"式移位运作。

"核心重音")似乎就可以解决上面韵律句法的问题。

应该说,这种企图"简化运作机制"的初衷,亦即只用词法,不用句法来解决这里问题的想法不是不可以的:如果这种尝试的结果不会给整个系统造成体系上的矛盾的话,就不妨作为一种独立的分析。然而事实却不是这样:表面上看起来简化的运作,背后隐藏着几个致命的问题。

第一,仅凭韵律构词规则(韵律词、最小词、右向成词、左向为语等)无法解决汉语韵律句法上诸如"动词后不能有两个参重成分""动词后不能有独立的介宾结构"等韵律句法学上的重大问题。

第二,抛弃核心重音则必然以"左向为语"或"三音节字串不能成词"为基本条件。譬如"收徒弟""开玩笑""负责任"等。然而,左向音步(leftward foot)(="1+2"三字串)不能成词不是没有条件的。譬如"铁公鸡、纸老虎"都是左向音步的三字串,但它们都是词,而不是短语。因此无条件地把"左向三音节字串为短语"当作绝对的前提加以推演和利用,其论证结果是无法成立的。

第三,抽掉核心重音,韵律句法的现象便成了无本之木。前面说过,左向三字串有词有语,但是"动词+补述语"一类左向三字串,没有例外的都是短语。为什么呢?这正是核心重音作用的结果。所以,如果一方面把"左向为语"作为前提,而另一方面又把核心重音排除出去,不啻于截源取水,最终会把"左向为语"变成人为的规定,失去它所以存在的基本原理("左向为语"是核心重音派生的结果,参本书第四章)。

第四是操作程序上的问题。这需要仔细计算才能看出来。如上所示,不用"核心重音",就能删除"收徒弟少林寺",因为"收徒弟"是短语,短语不能参与核心词的移位运作,所以不能上移。这在操作程序上没有问题,同时能阻止句法生成"*收徒弟山神庙"的非法结果。然而遇到"*我们要简单化程序"一类"*AA-化"的韵律句法现象(对比合法的"我们要简化程序"),因为"简单化"不是短语,所以可以上移,但结果却不合法,就无法解释了。此例直接说明上述操作无法进行。请看下图：

（16）

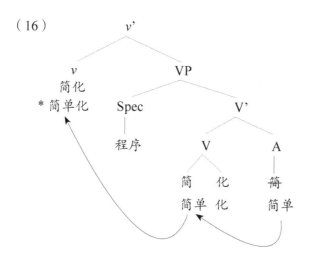

仔细观察就会发现：上面"简化"和"简单化"的对立与"收徒"和"收徒弟"的对立，"同类而不同性"。说它们同类是因为两个音节的"收徒"和"简化"都可以带外宾语，三个音节的"收徒弟"和"简单化"都不可以带外宾语，此其同。说它们"不同性"，因为"收徒弟"是短语，而"简单化"则是词。因为"化"是词缀。正因如此，"简化"的"简"在并入时是左贴（贴在"化"的左边），而"收徒"的"徒"则是右附（附在"收"的右边）。（1）毋庸置疑，"化"是缀；（2）由"化"派生出来的形式都是词。既然如此，那么"简单化"就不能被当作短语而取消其上移的资格。如果"简单化"和"简化"一样是词，因此一样允准上移的话，那么"*简单化程序"就无法在上面设想的体系里被删除。就是说，"简单化"一类的韵律句法现象否定了上面设想的可能。

---

1 注意，"句法词缀"的生成方式在当代句法学上很普通（Fabb N. A. J. (1984) *Syntactic Affixation*. MIT Ph.D dissertation），而右附的句法运作在构词句法学上却很特殊。纵如此，其构词功能不可否认。这方面，目前语法界没有统一的说法，读者可参考冯胜利（2006）提出的一种"压合"的处理方法。

2 形式句法学中的词"缀"，可以分析为句法上的核心词。

综合以上四点，我们说企图用句法移位之前的韵律构词学的操作办法来取替核心重音及其与构词规则的相互作用，表面看，确实简化了运作过程的复杂性，但实际上却行不通。

那么，如何删除"*我们要简单化程序"这类不合规格的产品呢？无疑，没有核心重音是办不到的，因为"简单化"本身是合法的形式（如"我们要把程序简单化"），所以词法不能将它排除在外。我们还要通过核心重音指派（亦即让"简单"得到重音，同时让"程序"没有重音）的操作，把"程序"删除。当然，这是一个难度很高的技术性操作。这里有几个关键步骤不容忽略。第一，"核心重音的接受者不必是最小词，但核心重音的指派者必须是最小词"。这个条件称作"词体条件（词的大小或体段的条件）"，如下所示：

（17）**Minimal-/Maximal-word Condition**（词体条件）

　　a. **Minimal-word Condition**（最小词条件，Feng 2006、2009）

　　Minimal word is a foot formed by two syllables, i.e., MinWd=foot ([σ σ]).

　　最小词是一个由两个音节组成的音步，亦即：MinWd=foot ([σ σ])。

　　b. **Maximality Condition on NS-assigner**（核心重音指派者的最大极限）

　　NS-assigner must be a MinWd though NS-receiver is not, by necessity, a MinWd.

　　核心重音接受者不必是最小词，但核心重音指派者必须是最小词。

根据（17）的规定，所有核心重音的指派都必须严格遵守核心重音指派者的最大极限的条件，即必须等于或小于"最小词"[1]，否

---

[1] 这条规则在特殊情况下有例外，参下文。

则无法指派重音。这就意味着,词体大于两个音节(最小词)的动词,无论是单纯词还是复合词,或者句法词(庄会彬 2014),均无法携带外加宾语。有了上面的规则,我们可以系统地排除所有已见的非法格式:"*收徒弟少林寺、*负责任护理工作、*关严实窗户、*简单化手续",如下图所示:

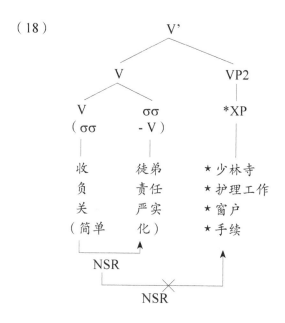

从(18)可以看出,(17)不仅概括了迄今为止的所有现象,同时还有所创新,发现了最小词的句法功能。

4. 汉语韵律句法学的新进展

从上文我们可以清楚地看到,在韵律句法学研究中,不但新现象不断地被发掘出来,而且新领域也不断开辟和建立;最令人瞩目的是,邓丹等(2008)从实验语音学的角度证明了核心重音的句法作用,以及黄梅(2009)从嵌偶词的分布上证明了核心重音的离合力。下面分别介绍。

4.1 从实验语音学上证明核心重音的句法作用

邓丹等（2008）在 *Journal of Chinese Linguistics*（《中国语言学报》）上发表了她的一项重要研究成果——《韵律制约句法的实验研究——以动补带宾句为例》。作者首次利用技术测量的手段，对动补带宾句的韵律句法现象进行了实验语音的探索。

前面谈到，汉语动补带宾句中的动补式，一般以双音节结构为标准格式（如"关严窗户"）。然而，三音节形式如"看清楚目标、擦干净黑板、想明白问题"也可以出现在这个结构之中，不过它们都有一个共同的特征：补语的第二个音节是轻声。邓丹从这里入手，把动补结构的韵律类型分为三类，如下所示：

（19）第一类 a. 学生**看清晰**了黑板上的图像。（黑板上的图像已经看清晰了）
　　　第二类 b. 学生**看清楚**了黑板上的图像。
　　　第三类 c. 学生**看清**了黑板上的图像。

　　　第一类 a. 班长**讲明确**了对方的来意。（对方的来意已经讲明确了）
　　　第二类 b. 班长**讲明白**了对方的来意。
　　　第三类 c. 班长**讲明**了对方的来意。

　　　第一类 a. 老师**调均匀**了画画的颜料。（画画的颜料已经调均匀了）
　　　第二类 b. 老师**调匀称**了画画的颜料。
　　　第三类 c. 老师**调匀**了画画的颜料。

（a）类是"音足调实"的双音节补语，（b）类是带轻声的补语，（c）类是单音节补语。三类的音节的长度有显著的不同。不仅

第一章 导论——从韵律句法学的建立和发展看什么是韵律语法

如此，这三种不同的语音格式在带宾语的合法度上不一样。以"讲明"一组第二类为例，"讲明"带宾语没有问题，"讲明白"带宾语似乎也没有问题，但是"讲明确"后面带宾语就不是都能接受的了。就是说，（a）类带宾一般都不能接受；（c）类带宾一般都能接受；而（b）类带宾有的能接受，有的不能接受。据此，邓丹设计了下面的实验步骤：

1）首先，测验这三类句子的接受度，然后进行打分（从0分开始，5分最高），看哪个接受度高。

2）其次，根据北京人的语感，在双音节结果补语第二个音节轻声时，有的人认为很好，有的人认为不太好，于是发现轻声的"轻化度"和它的"合法度"之间有一种对应关系，这就给实验语音学带来一个千载难逢的好机会：通过测量语音的长短度来预测句法合法度。换言之，语法可以在语音实验室里测量出来。这还是破天荒的第一次。[动+补]的语音长度决定它在句法上的合法度。破天荒的意义还在于我们就可以根据上面的规律预设如下的结果：

（20a）双音节动补型的时长最短，其合法性程度最高；
（20b）不含轻声的三音节动补型的时长最长，其合法性程度最低；
（20c）含有轻声的三音节动补型，由于轻声音节在时长表现上比带正常重音的音节短，使得其合法性程度介于不含轻声的三音节动补型与双音节动补型之间。

下面是合法度（不同类型句子的评判得分）和归一化时长的具体结果：

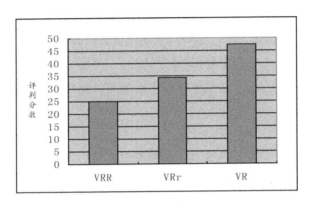

图 1　不同类型句子的评判得分

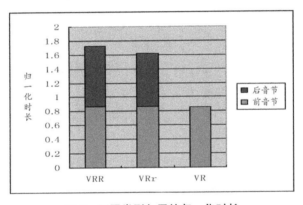

图 2　不同类型句子的归一化时长

实验的结果进一步说明：动补带宾句的合法性程度和补语时长间的关系极为密切。注意：这里的合法度不是就补语而言（补语是双音、轻声还是单音都合法），而是指不同长度的补语和宾语共现时的合法度。补语的长度怎么会和后面宾语的出现与否有合法度的关系呢？显然，没有核心重音是无法把二者（语音长短和宾语的出现）联系起来的。事实上，根据邓丹的研究，二者不仅有联系，这种联系还可以用具体的长度来表示：

（21a）补语的时长如果达到或超过两个非轻声音节的长度，整个句子的合法性就会降低；

（21b）补语的时长如果少于两个非轻声音节的长度，整个句子的合法性就会增加。

可见，实验语音学的结果告诉我们，人们对动补带宾合法度的语感来自语音，而这个影响语感的语音就是音节的长短。这不仅告诉我们核心重音的实现以音节的长短为基础，同时还告诉我们，汉语的韵律句法可以通过语音的精密测量而数字化。

这项研究的意义不仅在于它给句法学增加了语音学的信息，同时也在于它给语音学增加了句法学的信息。如前所示，两个音节的补语不合法，一个音节的补语都合法，那么一个半呢？有些合法，有些不合法。为什么呢？因为"轻化"在北京话里是一个现行的变化（正在进行中的变化过程，参 Feng 1995）。正因如此，不同的人才有轻化度的不同、才有语法度的差异。轻化度和语法度之间所以有关系，是核心重音搭起来的桥梁。没有核心重音理论的帮助和探照，没有这些关系，也得不到这些结果。不仅如此，和语法度相对应的轻化过程，又反过来说明了核心重音的存在和作用。这就是科学论证上的独立的证据（independent evidence），带宾动补的语音学实验，给汉语的核心重音提供了独立的证据。

4.2 核心重音（G-NSR）的离合力——嵌偶词的句法分布

韵律句法学的核心重音不仅可以在实验语音学上得到证明，而且还可以从嵌偶词出现的句法环境上得到证明。嵌偶词的出现虽然有语体上的原因（庄典体的要求），但根据黄梅最近的研究，嵌偶词大量出现在副词位置上，这就不是简单的"庄典化"所能决定的了。请看下面的统计（黄梅 2009）：

（22）《汉语书面用语初编》中的嵌偶词

词类	名词	动词	形容词	副词	介词	合计
数量	51	64	25	103	1	244

为什么会出现这种不平均的分布呢？原因在于核心重音具有两种潜在的力量：一种叫作分解力——把一个单位分解成两个单位；一种叫作压合力——把两个单位压合成一个单位。这两种力量都很难从句法上但很容易从韵律上得到客观的说明。为方便起见，先看什么是嵌偶词。

嵌偶词是汉语中"韵律黏着、句法自由"的单音词。譬如"校"字，因为不能单说，以前都把它当作黏着语素。比如"*我们的校""*这个校"等等，都不合法。然而，在下面的环境里，很难说它不能独立使用：

（23a）我校不雇非法移民。
（23b）此校有明文规定，你必须遵守。
（23c）本校不收贵校的学生。
（23d）电传该校校长，马上到校述职。

如果说"校"是黏着语素，那么"我校"就成了词。能说"我"是词的一部分吗？我们知道：代词是句法功能词（functional word），句法功能词不是用来造词的，所以"我校"应当分析为短语。然而，如果"我校"是短语，那么其中的"校"就是词。可是"校"不能单说。不能单说是词吗？结果无论把"校"当作黏着词素还是把"我"当作自由的词，都不合适。很显然，这不是"我"的问题，而是"校"的问题。首先，如果把"校"当作语素，如果代词也能构词，那么"*一个我校"就应该可以说，但是不合法。同理，"*我们校"照上面的道理也能合法成词，但是"*我们校"也不能说。可见，代词不是构词成分（而是造句的功能词）。其次，"校"用在双音节模板里最上口（我校、本校、到校……），在三音或多音节的语串里，都不能说，如"*这个校""*赶到校""*我非常想念的校""*到达校"等等。为什么呢？原来，"校"是在双音节模板里使用的一种特殊词类（一般语素没有这种音节语境的限制）：只要能双，就可以出现，因此我们称之为"嵌偶词"。嵌偶词是嵌入双音模板内的词，其语法性质有两点：（1）韵律黏着（必贴附于另一单音词）；（2）出现句法自由（可以按句法组合）。

《汉语书面用语初编》收录了244个嵌偶词，其中103个是副词，占其中名词类总数的40%。为什么嵌偶副词如此之多呢？黄梅（2009）指出：嵌偶词的句法分布与重音的指派，有直接的关系。请看下图：

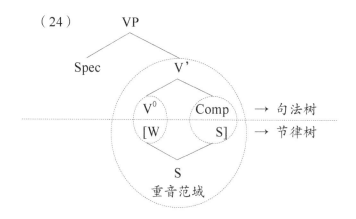

（24）

黄梅提出：根据汉语的"管辖式核心重音规则"（参2c），核心重音是由动词指派给它直接管辖的补述语，并与之共同组成全句的重音范域，其结果是：

1. 相对轻重

动词（V^0）指派重音到补述语（Comp.）上，意味着补述语及其支配的所有节点获得普通重音，动词（V^0）及其支配的节点则相对为轻。

2. 结构分界

动词(V^0)节点（及其俯瞰节点）和补述语(Comp.)节点（及其俯瞰节点）之间既是句法（两大成分）的分界，也是韵律的分界。

3. 离合力分区

（i）如果动词(V^0)节点没有补述语，但有俯瞰分支节点，（1）和（2）可以把俯瞰分支节点拆成短语（亦即（24）中的V'）——居于重位者可脱离母体而独立；

（ii）如果动词(V^0)节点带有补述语，那么它所俯瞰的分支节点就可以被压成一个韵律词——居于轻位者可贴附异体，与之合一。

这就是说，如果一个词出现在（24）中的重音范域里面，它可能发生一系列的相应变化：动词和动词俯瞰的位置以及补述语和补述语俯瞰的位置，都会因其位置的不同而蒙受不同的韵律离合力，从而发生不同的变化。比如："负责工作"中的"负责"，原为（24）中V^0俯瞰下的两分支点的动宾结构，当有"工作"作为它的补述语时，"负责"居于弱位。由（3-ii）所迫，被压成了一个韵律合成词（否则无法携带外宾语）。然而，"负责"若无补述语而单说的话，那么"责"将成为重音对象，（3-i）便发挥其拆离作用，使"责"脱离母体而独立，于是有"你负什么责"的说法，"负责"成了短语。换言之，（3-i）是离合词的导火索，而（3-ii）则是嵌偶词的发祥地。

根据上面的分析，黄梅认为，前动词位置蒙受后面核心重音的拉引力，这种拉引力造成前动词邻接成分与该动词的"合"。副词在动词前，因此受到这种力量的拉引，常常贴附于动词，与之组成双音节韵律词，最易满足嵌偶的要求。譬如"遍"是嵌偶词，因此"*遍查找、*遍访问、*遍吃喝"都不合法。然而，"遍查、遍访、遍吃"等等双音节的"遍V"非常普遍。然而，人们很少注意到的是："遍V"后面几乎没有不带宾语的。为什么遍V和Obj.一定共现呢？根据上面的理论，原因很简单，因为"V"后面有了补述语（携带核心重音），所以才把动词前的"遍""吸"进动词，组成轻位上的"合"，亦即"遍V"，这就造成了单音节嵌偶副词在[__V]O

位置上大量出现的结果。毋庸置疑，没有核心重音的作用，嵌偶词分布的语法原因也便成了不解之谜。

5. 结 语

韵律句法学已然取得了瞩目的成绩。作为一个新兴学科，它方兴未艾，今后的发展有着更为广阔的前景，这也给我们将来的研究提出了更为艰巨的任务。首先，对韵律语法现象的更深入、更广泛和全面的收集和挖掘，就成了韵律语法（不仅仅是韵律句法）研究的一项重要的工作。其次，从韵律的角度来研究汉语方言和少数民族语言的韵律语法，虽然已经开始（参朱赛萍 2012、2015，唐文珊 2015 等），但仍是一个需深入开发的新领域。

发掘韵律句法现象不仅不限于单一语种（譬如北京话），而应包括古今中外的语言和语种；同时也不限于语言的单一层面（如句法），而应包括语音、词法、诗歌和散文。我们在这本教程中所讨论的，就是汉语韵律层级的诸多断面里展开的研究，有的已经有了可观的成果，有的则刚刚开始，有着大量的工作等待我们去做、去完成。

从语言学理论上说，韵律语法学还是一个年轻的学科。然而值得关注的是：它是在汉语语法现象的基础上发生、建立和发展的一个前沿学科。西方的韵律语法研究，在韵律构词法上尚未超出词根、词干和词缀的范畴（Downing 2006），在韵律和句法的关系上，还停留在"音系结构对句法短语结构的敏感性"的问题上（Trukenbodt 1995）。而汉语的韵律语法已经发展到构词上的"嵌偶词""合偶词""韵律合成词"等新的范畴，亦已经扩展到句法上的"韵律删除"和"韵律激活"的新的运作，诗体学上的"音步类型影响诗体变化"的新模式，语体语法上"韵律形式和语体功能对应性"的新理论。其程度之深、范围之广，远非西方韵律构词和韵律-句法界面研究所能比拟。在西方语言里，还没有出现"韵律语法"（prosodic grammar）、"韵律句法学"（prosodic syntax）这些术语就是一个很好的例证。我们可以骄傲地说，韵律语法是汉语研究为当代语言学理论做出了自己贡献的一个新学科（Simpson 2014）。正因如此，我们任重道远，因为其中还有大量的前沿问题有待提出，而迄今提出的超前问题有待深入、系统和完善的论证和发展。韵律句法学的理论体系的完善和精化，仍然是该学科的一个重要课题。任何一个学科均应以材料为起点，以普世规律为归宿，韵律句法学也不例外。因此，如何通过以汉语为基础建立的韵律语法理论来解决其他语言的语法问题，则是从事这一学科的学者长期的任务和目标。

工欲善其事，必先利其器。韵律语法的研究发展到今天，其成果得益于科学方法论。韵律句法学明天的研究，也应在科学方法论的运用和创造上，总结出一些可为借鉴的经验和理论。故本教程既是知识和理论的介绍，更是帮助读者获得创新和发展方法的资源。这是我们寄予读者的最大期望！

【思考题】

1. 简述韵律语法研究的进程。
2. 你怎么看学者对韵律语法的评价？
3. 举例说明在韵律句法学里韵律的三种语法功能。
   (a) 韵律的语法标记功能（indicator/marker）
   (b) 韵律的语法删除功能（syntactic filter）
   (c) 韵律的语法激活功能（syntactic activator）

第二章　韵律语法的基本概念和原理

在讨论韵律和语法的关系之前，我们先得明确这里面的一些基本概念。比如什么是韵律？韵律是不是押韵？韵律和节奏、节拍、节律是一回事吗？韵律在语言中表现为哪些特征？韵律的单位是什么？这些单位之间的关系如何？韵律和语法有什么关系？韵律语法关注哪些问题？……这些都是韵律语法中的基本概念和基础问题。下面我们逐一来看。

第一节　与韵律相关的几个概念

1. 什么是韵律

既然谈韵律语法，我们首先得清楚什么是韵律。

韵律的英文是 prosody。《牛津语言学词典》（2000）的解释是：传统韵律学研究诗歌的格律。语言学中的韵律一般指言语中的节奏和语调（intonation）。例如，语调上升、下降的音高（pitch）曲线就是一种韵律曲线[1]。《语言与语言学词典》（2000）中说，韵律就是诸如重音（stress）、语调、数量、停顿等语言学特征，言语中的韵律研究主要关注比音位更大的单位，还包括话语的节拍和

---

[1] 原文解释为 "Traditionally, the study of metres in verse. Usually, in linguistics, of rhythm and intonation in speech: e.g. the contour of an intonation, as falling, rising, etc. is a prosodic contour"，马修斯（Matthews, P. H.）编，《牛津语言学词典》，上海外语教育出版社，2000年，第301页。

节奏[1]。

可见，韵律学主要关注自然语言中的超音段现象。超音段是相对于音段而言的，音段就是我们说话时发出的元音（如 [a]、[i]、[u]）和辅音（如 [p]、[m]、[s]），超音段则是依附在元音、辅音之上的高低（pitch）、长短（length）、轻重（weight）、语调（intonation）以及由音段组成的节奏（rhythm）等变化。

譬如汉语中的形容词"好"读 hǎo，音高表现为先降后升的曲折变化；但是动词"好"读 hào，音高表现为从高到低的下降变化，这里的前后两种表现就是与语音高低有关的韵律表现。这就是我们平常说的声调。声调可以区别意义和词性，这是研究超音段的韵律音系学的一个重要领域。

语音的强弱和轻重也是超音段的韵律现象。在汉语（北京话）里，轻重的对比很丰富。比如"报酬（左重）"和"报仇（右重）"，"东西（左重）"和"东西（右重）"，"地道（左重）"和"地道（右重）"，"打手（左重）"和"打手（右重）"，每组中第一个词的末音节在语音上都表现得较短、较弱，语言学上称作轻声。汉语轻声的韵律表现非常丰富，比如"看不完""来不来""跑得快"中的"不"和"得"，都是轻声，其语音表现也是较弱、较短，没有声调（tone）。

语音的长和短也是韵律研究的范畴。启功（1990：5–6）曾经举过这样几组例子，如"猪—肉猪""冰—凉冰""炭—木炭""报—报纸"等等，他说其中的"肉""凉""木""纸"都是"只为取齐、装饰而或增或减的'衬字'"。显然，每组内的前后两词在语义特征和语法属性上基本一致，但在语音上则有"一个音节和两

---

[1] 原文解释为"Linguistic characteristics such as stress, intonation, quantity and pauses in speech that concern units greater than the individual phonemes. Prosody also includes speech tempo and rhythm"，Hadumod Bussmann 著、Gregory P. Trauth and Kerstin Kazzazi 编译，《语言与语言学词典》，外语教学与研究出版社、劳特利奇出版社，2000 年，第 389 页。

个音节"的明显差异,即前短后长,二者存在语音长短(或音节多少)的区别。

2. 韵律和音韵

韵律和音韵是语音研究中的两个不同的概念。韵律的英文是 prosody,音韵的英文是 historical phonology,亦即历史音系学。它们是两个不同的领域,二者的研究对象和范围也都不一样。

音韵学研究的是古代的音系,自然也要研究古代韵律。因此,韵律音韵学是一个崭新的、有待开发的新领域。我们这里只指出二者的不同,意在避免混淆,至于韵律音韵学的研究,读者可以参考冯胜利(2012、2013)、赵璞嵩(2012、2014)、施向东(2014、2015)等的最新研究。

如前所述,韵律指的是语言中的韵素、音节、音步及其相关的轻重、长短、高低、节奏等超音段现象。因此,从研究对象上来看,韵律的研究不涉及与音色相关的声韵系统(即元音、辅音),而只注重与音高、音强、音长等相关的超音段成分。例如声调型语言的声调系统(像北京话的三声变调,"五五五"不能念成 wǔ wǔ wǔ,而要念成 wú wú wǔ)、重音型语言的重音系统(像英文中词和短语的重音对立,black BIRD 是短语、而 BLACKbird 是词,前者是"黑色的鸟",而后者是"一种黑鸟");再比如语言中韵素或音节多少的节律语法(汉语的动宾形式超过三个音节就不能再带宾语,"*你负责任这项工作"不能说,只能说"你负责这项工作")等等,都是韵律研究的范畴。其次,就研究视角而言,韵律关注的既可以是语言共时层面上的韵律共性与个性(譬如北京话和广东话),也可以是历时层面上的韵律演变规律(譬如甲骨文的[惟OV]"惟黍年获"

变成了周秦的 [惟 O 是 V] "唯命是听"的韵律结构）[1]。

音韵学研究的对象和韵律学不同。音韵学是中国传统语文学中的术语，它专门研究汉语语音在历史上的变化，其目的是构拟古代某一特殊时段的音位系统。譬如远古汉语从没有去声和上声声调的语言演变成有四个声调的语言、从有复辅音的语言演变成没有复辅音的语言等等。从现代语言学的学科分类角度来说，汉语音韵学就是古代汉语音系学，这是一种历时层面或历史断代层面的语音研究。

韵律音韵学的研究要建立在音韵学的研究基础之上。事实上，我们也可以根据当今汉语方言中保留着的语音特征来推断和构拟古代汉语语音的状貌，进而构建古代汉语的语音系统。以韵书（如《广韵》）的韵部为例，今天读起来押韵的古代未必押韵，今天不押韵的古代有可能是押韵的。《诗经·周南·关雎》中的"寤寐思服"和"辗转反侧"两句中的"服"和"侧"，在今天普通话中二者的韵母不同，前者为 u，而后者为 e，但这两个入声字在汉语很多方言中仍然保留着同韵的读法，比如山西平遥话中二者的读音分别为 [xuəʔ³¹]、[tshəʔ³¹]，韵母完全相同[2]；与此类似的情况还有"郭冠军家"[3]，四字在古代声母相同（是一种类似马赛克的谐趣韵脚 (mosaic rhyme)）；此外还有钱大昕发明的"古无轻唇音"（古代没有 [f]，因此今天"福"和"复"中的 [f]，古人都读"逼"和"愎"中的 [b]。把上面和所有类似的例子都收集起来，我们就有可能构建一个古代汉语的声母系统和韵母系统（亦即古代某一时期的语音系统）。

---

1 参 Feng (1995、1997)。
2 这里的"同韵"指韵腹和韵尾以及声调相同，不包括韵头（或介音）。
3 《洛阳伽蓝记》载：陇西李元谦乐双声语，常经文远宅前过，见其门阀华美，乃曰："是谁第宅过佳？"婢春风出曰："郭冠军家。"元谦曰："凡婢双声！"春风曰："傺奴谩骂。"元谦服婢之能，于是京邑翕然传之。

总而言之，韵律和音韵在研究对象、研究内容、研究方法及手段等方面，都有区别。同样一种语言现象，譬如"关关雎鸠，在河之洲"和"断竹，续竹，飞土，逐肉"，音韵学家关注它们到底哪几个字押韵，比如前者是四字一押，后者是两字一押；而韵律学家关注的则是几个字一拍。比如前者是两个字一拍，后者是一个字一拍。不仅如此，韵律学家还要关注为什么上古可以一个字一拍的韵律原理以及由前后两者之间的差别反映出来的韵律结构的历史转变等深层含义。

毫无疑问，韵律与音韵二者之间的研究成果也可以互相吸收和借鉴：音韵学的成果可以帮助历史韵律学发现不同音类（声、韵组合类型）的韵律对立和分布，历史韵律学的研究则不仅本身就是音韵学的一部分（韵律音系学是音系学的子分支），而且它的原理和结论也可以用来验证音韵学结论的正确与否。

3. 韵律和押韵

韵律涉及的对象远比押韵丰富得多，押韵只是韵律研究对象的一部分。尽管如此，押韵的规则还是给韵律的机制提供了很大启示。

英国当代诗人 Vernon Scannell（1982）说过："……绝大多数的抒情诗和大部分的叙事体民谣都押韵。简单地说，'全韵'（full rhyme）或称常韵（ordinary rhyme），就是两个词或词的最后音节完全相同，而音节起头的辅音则可以不论。例如 bleat 和 meet、trite 和 sight、peace 和 lease。在多音节韵里，只需要最后一个或几个音节相押就行，例如 elation 和 sensation、intersection 和 affection。"[1] 这告诉我们：押韵是诗歌语言中的韵律现象。

---

[1] Vernon Scannell (1982), *How to Enjoy Poetry*, Chapter 3, The Poets Craft, Piatkus Books.

汉语的诗歌没有不押韵的，无论是当代的民谣戏曲，还是古代诗词歌赋，押韵是必须的。[1]汉语和英文一样，"押韵"，顾名思义，押的是"韵母"，严格地说，押的是韵母的韵腹和韵尾，可以不押"介音"。譬如"蜀道之难，难于上青天"（李白《蜀道难》）中的"难"的韵母是 an，"天"的韵母多一个介音 i，是 ian，但"难"和"天"可以押韵。英文的押韵也可以不计介音。譬如 Dylan Thomas 的 *Fern Hill* 诗中有两行：

（1）And nothing I cared, at my sky-blue trades, that time allows
　　　In all his tuneful turning so few and such morning songs.

其中的 sky-blue [skáiblú:] 和 few [fju:] 是腰韵 (internal rhyme)，押的是主要元音 [u:]，介音 [j] 也不在内。

押韵对我们理解韵律的结构和机制有很大帮助。它告诉我们，韵律所关注的轻重、长短、高低等超音段载体主要选择音节的韵母或韵母里的韵素（mora）。譬如英文的儿歌：

（2）原文　　　　　　直译
　　　Rain, rain,　　　雨　雨，
　　　go away.　　　　走　开。
　　　Come again　　　再　来
　　　another day.　　改　天。
　　　Little Johnny　　小　约翰尼
　　　wants to play.　 要　玩。
　　　Rain, rain,　　　雨　雨，
　　　go away.　　　　走　开。

1　传世文献中只有《诗经》中的颂体诗，很多是不押韵的。

小雨，小雨，快走开。
改天再来。
小约翰尼要去玩。
小雨，小雨，快走开。

第一行的"rain, rain"就要读成"re～in ＃ re～in"，一个音节一个节律单位。韵腹里的韵素 [ei]（复合元音）和鼻韵尾 [n] 要分别读出，各占一个拍位。就是说，"rain, rain, go away"的节拍是根据韵母里面的韵素构成的。初学英文的中国人很难掌握这种发音规律。一般而言，对母语是汉语（音节音步型语言）的人来说，要经过反复训练才能习惯上面那种"韵素音步型语言"的发音要领。换言之，学好英文发音的首要条件，就是要读出韵母里面的韵素来。上面诗里面的 rain 和 again 押的是 [eɪn] 韵母。

上面谈的是押韵，押韵是音节和音节之间跨行（或跨词）的关系。韵律关注最多的是音节和音节之间的邻接规则和限制。

4. 节奏、节律、节拍

4.1 节奏（rhythm）

节奏是多个语音连在一起时发生的规律现象。节奏的单位是节拍，是由节拍所构成的规律性的重复，是语音长短和语音强弱的综合表现。节奏存在于语言中，存在于音乐中，引而申之也存在于日常生活的各个方面。郭沫若（1990）有一段关于"节奏"的论述是这样的：

宇宙间的事物没有一样是没有节奏的：譬如寒往则暑来，暑往则寒来，寒暑相推，四时代序，这便是时令上的节奏。宇宙内的东西没有一样是死的，就因为都有一种节奏（可以说就是生命）在里面流贯着的。

如果我们把节奏的语音成分抽象出去，那么万事万物都有自身的内在节奏，因为节奏的本质是"重复"。汉语节奏最突出的表现就是古代的诗行，四言诗是两步一行、六言诗是三步一行，都是由节拍构成的重复。五七言诗歌平仄反复："平平/仄仄平，仄仄/平平仄"和"平平/仄仄/平平仄，仄仄/平平/仄仄平"都是节奏的体现。有一首汉乐府诗是："燕，燕，尾涎涎，张公子，时相见"，这是节奏吗？启功（1990：7）风趣地指出："这样的句式，岂不正是体操步伐'一、一、一二一'吗？"这显然是节奏。

不同语言的节奏表现不同，常见的节奏类型有重音节奏、音高节奏、停延节奏、时长（lengthening）节奏等。比如英语是"重音计时"（stress-timed）型节奏，而法语是"音节计时"（syllable-timed）型节奏；英语的节奏主要表现为响度（loudness），拉丁语节奏的关键要素是音节的长度（长音节还是短音节），而大多东方语言节奏的核心要素是音高。总的来说，音高、响度和节拍构成了语言的节奏，不同语言表达节奏的方式差别很大。

节奏还可以从文学效应上分类，譬如齐整律、长短律、悬差律等。我们将在第七章专门介绍。谈到节奏，人们自然会想到音乐。音乐的本质是旋律，旋律的本质是重复，重复就是节奏。如果说诗歌的语音节奏是"在时间上相等或近乎相等的单位的规则性的进行"（孙大雨1956）。那么诗歌的音乐性就来自于音乐的"旋律"。从这个意义上说，诗歌离开了节奏，就等于丢失了旋律，其结果就丧失了诗歌的音乐性。然而这并不意味着歌曲的曲谱和诗歌的节律是一回事。曲谱可以遵循诗歌的节律，但大多情况下会改变诗歌的节律，诗歌和乐曲是两套不同的节奏系统。

4.2 节律（metric）

节律和节奏不一样。语言节奏的规律叫"节律"，英文是 metric。节律音系学（metrical phonology）是在语言节奏的规律和原理的基础上研究语言的超音段现象，如重音和与之相关的节律栅计算操作法。韵律音系学也不例外，同样是建立在节奏规律的基础上，尽管它涉及的超音段对象是音步、语音词、韵律短语等。换言之，离开节奏，就没有节律；离开节律，就没有节律音系学和韵律音系学。当然也就没有韵律构词学和韵律句法学了。那么什么是节奏规律或节律原理呢？这就是 Liberman 发明的"相对凸显原理"[1]。

语言因其音系的不同而有不同的节奏类型或节律模板（metrical template），但都建立在相对凸显原则（relative prominence principle）之上，从音段（segment）到音步、音步的组向（右向还是左向）和组合，虽然可以有自己独立的特殊属性，但都受到相对凸显规律的制约。

4.3 节拍（beat）

五言每行的节拍是 2+3、七言每行的节拍是 4+3，都是不同的重复。重复是节奏，那么节奏（rhythm）和节拍（beat）有什么不同？节奏在语言学里是根据节律学的原理来定义的，是语言学的术语（尽管在语言学之外这个术语有很多引申用法，如上文所示）；节拍指节奏里轻重序列的时间单位。从原理上说，节奏是由轻重、长短等相对凸显关系所组成，因此节奏里包含重拍、轻拍、空拍（empty

---

[1] 把它叫作"相对凸显原理"意味着"相对凸显"不只是一种操作手段，更是一种原理和思想。正因为人们对这条定理的理解有欠深透，才会产生一些误解（譬如把韵律音系学和节律音系学看作没有联系的两个领域，其实二者的理论根据都是"相对凸显原理"，尽管关注对象的角度和方法有所不同），所以这里强调"相对凸显"的原理性。

beat）的不同（端木三 2016）。就是说，节拍指诗律学里的节奏单位，它是诗歌中分析韵律单位的常用术语（尽管节律音系学也用它来分析节奏的组成），专指由强弱、高低或长短交替组成的文学语言里的节奏单位，是对节奏的一种测量或记录。更严格地说，节拍是口语节律单位在文学形式上的表现形式。当然，节律到了歌谣、辞赋、散文、曲艺里面，又创造出不同于口语的规律和形式。譬如拖拍、空拍、间拍、拍外拍、连拍、快拍、慢拍等等，视体裁不同而不同。

诗歌里的节拍如"问君能有几多愁，恰似一江春水向东流"，前句可以分析为七拍三个音步："问君|能有|几多愁"；也可以分成四个音步："问君|能有|几多|愁"。分成四个音步是词律，如果是七言诗律（poetic prosody），就要读成 4+3（参考本书第五章）。需要注意的是，即使是词，一般也不成四拍，除非是吟诵（performance prosody，拖长强调的艺术读法）。后句"恰似|一江|春水|向东流"的节律分析，没有经过训练的人一般都不知道"节外拍"的概念，因此把它分析成四个音步"恰似|一江|春水|向东流"。其实仍然是三个音步，句首两字"恰似"不算拍数，诗律学里叫作"节外拍"（anacrusis），很多语言的韵文都是这样。汉语从先秦的楚辞就开始使用节外拍这种诗歌技能了[1]。

诗歌的节拍有很多种，使用的场合也很多，不仅韵文，散文也富有自己特色的节拍（参本书第六章）。譬如启功（1990）谈节律的时候说："天、地、人；上天、大地；电视机；狐假虎威；一站二看慢通过……似乎几个字都有，那么汉语有无节律？什么节律？"这就得从节律的原理和汉语的语言事实上做出判断。透过汉语的表象看本质，我们发现，汉语中节拍的切分的确具有"相对凸显原理"所规定的规律性，而且这种规律性还常常会打破语言的内部语法结构表现出来。比如"语言学会""耳鼻喉科""而立之年"，如果从

---

[1] 冯胜利《〈离骚〉的韵律贡献——顿叹律与抒情调》，《社会科学论坛》，2014(2)：24-36。

语法结构来说，应该是"语言学｜会""耳鼻喉｜科""而立｜之｜年"，但汉族人的自然口语中却要说成"语言｜学会""耳鼻｜喉科""而立｜之年"——节拍按照节律来组织。

此外，在节拍的节律分析中，还要注意：对同样一串语言形式来说，节律切分不同，意味着语言结构的不同，最终就会产生不同的意义。这又是节律规则和词法及句法规则之间的界面作用。比如"下雨天留客天留我不留"，可以是"下雨｜天留客｜天留｜我不留"，也可以是"下雨天｜留客天｜留我不｜留"等等。再比如"中国人都喜欢上58同城了"，如果是"喜欢上｜58同城"，说明开始喜欢了；如果是"喜欢｜上58同城"，那就是陈述"大家喜欢用58同城"这个事实。这些都说明了节律与语言表达的紧密关系。

不同语言的诗歌节律模板的不同，与其独特的语音系统有对应的规律。原则上说，反映人类语言的"普遍韵律原理"在本语言的体系中表现出来的口语特征，如何在文学作品里创造出本民族喜闻乐见的节律模板，是一个有趣而崭新的课题。我们知道，英文的抑扬五步律（iambic pentameter），汉语的1+1（二言诗）、2+1（三言诗）、2+2（四言诗）、2+3（五言诗）、4+3（七言诗）、4+6（四六文）等等，都是本民族的语言文学家创造的韵律美学上的节律精品。还有哪些为本民族音系系统所允许但是没有被文学家发现的？哪些是有待创造或可以创造的？都是韵律文学研究的范畴。我们在韵律文学的研究中常常见到诸如"计数律"(counting meter)（其中有音节律(syllable-counting meter)和韵素律(mora-counting meter)的不同，也有强重音诗律(strong-stress meter)和音节-重音诗律(syllable-stress meter)的不同）、"音型格"(patterning meter)、"计量格"(quantitative meter)、节律外成分(extrametricality)、节外拍(anacrusis)等。这些都是节律学上的韵律模板在语言不同领域里实现的结果。

总之，韵律和节律、节奏、旋律都是韵律语法中的基本概念，它们相互关联但又各有所指，不能混淆。最值得注意的是：不同的语言有不同类型的节奏，不同语言的韵文也有不同形式的节拍。尽管如此,人类语言因其共同的生理基础而有共同的声律本能和表现。这个共同的本能就是上面说的"相对凸显"的原理:无论是交替、重复、再现、轮回等现象,其本质属性在于"强离不开弱,凸离不开凹"的这种 A 离不开 B 的相互依赖的原始机制。正如 Fabb(1997:35)所说的:"In English, the rhythmic pattern is realized as relative stress on syllables",亦即:

(3)
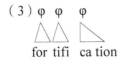

汉语诗歌的"平平仄仄平平仄"又何尝不是?其中的平仄要"一三五不论,二四六分明",同样是要在 2、4、6 偶数位置上凸显韵律的"对立",这种对立同样是"相对凸显"这一原理的反映和表现。

第二节 韵律特征与韵律单位

1. 韵律特征

韵律在语言中到底有什么表现呢?如前所述,韵律主要表现为声音的高低、轻重、长短等,对于具体的、数量庞大的人类语言来说,它们在语音上有着相对高低、相对长短、相对轻重、相对快慢的区分,这些相互对立的要素就是韵律特征(prosodic features),我们可以简单地概括为音高特征、音强特征、音长特征等,也就是语音学上常说的超音段特征(supra-segmental features)。

那么,韵律特征具体有哪些表现呢?《剑桥语言百科全书》中提到了三种[1]。第一种,也是最重要的一种韵律特征,是音高(pitch)。

音高可以理解为一种音调系统(intonation system)。例如大部分人类语言都区分降调和升调。譬如,英语中的例子所示,降调表陈述,而升调表疑问;概言之,用升调和降调表示语气(mood)。如:

(4) They're waiting.(陈述)
They're waiting?(疑问)

实际上,除了语调的音高变化表示(语气)意义之外,汉语中更为典型的是用音高特征表示音节的词汇意义的不同,传统上叫作"声调"。譬如 ma 这个音节,可以是"妈 mā",可以是"麻 má",可以是"马 mǎ",还可以是"骂 mà",它们的音段成分都一样,但因为声调不同,所指的意思各不相同。可见,"寄生"在音节(声母+韵母)上面的"超音段"(即超声、韵)声调也是一种韵律特征。

第二个韵律特征是响度,或者叫音量。一般来说,响度的增加往往与"声气"有关,而语言中音节的响度就是一般所谓的重音(stress)。音节有"重读"和"非重读"之分。比如英语的"English"一词包含了两个音节,首音节的响度必须大于尾音节,读为 [ˈɪŋglɪʃ],不能读成 *[ɪŋˈlɪʃ],可见两个音节存在响度特征的区别。汉语中也有类似的现象,比如"大家"(范围内的人)和"大家"(著名的学者),前者的第二音节"家"把原有音高的高低域拉宽、响度增大、长度拉长,而后者的"大"抬高音高特征、响度(和长度)加大,而第二个音节"家"则音高降低、长度变短,强度减小。结果导致了两个"大家"意义不同。

第三个韵律特征是时长(lengthening)。有的语言有长短元音的不同,而汉语的单双音节对应词(如,刚—刚刚;能—能够;纸—纸

---

[1] 下文部分内容引用、译自 David Crystal(1997、2000),Cambridge University Press / 外语教学与研究出版社,第 171 页。

张等）也是长短的不同。我们平时说话语速加快（紧急）、语速减慢（慎重或强调），也有时长效应。时长的不同有的是语言音系上的不同，如英文元音长短的不同、汉语轻声和非轻声元音的长短不同；有的是语用上的不同，如强调和非强调的元音长度的不同、快速而短促的语速表示的意义和慢条斯理的语速表示的意义不同，等等。

音高、响度和节拍分别属于与音高、音强和音长相关的韵律特征。反过来说，如果无关语音的高低、强弱、长短，而是和发什么样的不同的音有关，那就不是韵律特征。如汉语中的"爸"和"怕"，音高一样（都是第四声中的去声），音强和音长也没有什么区别，只有声母位置上的 b[p] 和 p[pʰ] 的区别：前者发音时气流相对较少（不送气）、后者气流相对较多（送气），这就不是韵律特征或超音段特征，而是音段特征的不同，是语音的发音方法和发音部位或音色的不同造成的。

超音段成分在语言中具体表现为与音高有关的声调和语调、与音长有关的长音（long sound）或短音（short sound）、与音强有关的重音或轻声等，下面我们逐一讨论。

1.1 声调

声调指的是语言中音段成分的音高表现及其变化，这种音高变化与元音、辅音一样具有区别意义的作用。比如上文提到的汉语中的"妈 mā""麻 má""马 mǎ""骂 mà"，四种不同的音高变化对应四种不同的语义内容，这种音高变化就叫声调。

根据林焘、王理嘉（2013：122-123），世界上的语言可以分为声调语言和非声调语言两大类。非声调语言中的音高变化只能区分语气，而声调语言中的音高变化可以区别词义或者语法意义。其中，声调语言又分为高低型和旋律型两种，非洲、美洲的声调语言大部分属于高低型，而汉藏语系的声调语言一般都属于旋律型。

以汉语普通话为例，它有四个声调，按照音高走势大致可以描写为：（第一声）高平调、（第二声）中升调、（第三声）降升调、（第四声）全降调。这四种不同的音高变化可以区别词的意义。如"杯子"[pei^{55} tsɿ]和"被子"[pei^{51} tsɿ]、"十点"[ʂʅ^{35} tiɛn^{214}]和"试点"[ʂʅ^{51} tiɛn^{214}]，每组中两个词的音色完全相同，只有音高差异，这种音高变化造成了两词在表意上的差别。除了区别词义之外，汉语的声调还有区分词类的作用，比如"空瓶子"中的"空"读高平调、为形容词，而在"空出一个座位"中读全降调、是动词，类似的例子还有"铺开"和"店铺"中的"铺"（pū/pù）、"隔间"和"离间"中的"间"（jiān/jiàn）、"背包"和"后背"中的"背"（bēi/bèi）等等。

也有一些声调语言的声调可以区别词的语法意义。Ladefoged（2011：244）提到，Igbo（伊博语）可以通过高调表示领属关系。例如"猴子""下巴"两个词在单念的时候分别为[èŋwè]、[àg͡bà]，但如果要表达"猴子的下巴"则必须读成[àg͡bá èŋwè]，"下巴"的第二个音节改为高调。此外，Edo（伊多语）中的时态系统也是通过代词和动词的声调来表达的，这里不再一一举例。

声调虽然是一种音高变化，但往往也伴随着音长和音强的特征。比如普通话的四个声调在单说的时候，最短、最强的是全降调，而最长、最弱的是降升调，次长的是高升调，次短的是高平调。不过实验语音学测出某些声学特征，如强弱、高低或长短等，不一定在该语言的韵律系统里具有音系学上的对立意义。

1.2 重音（stress）和轻音（weak form）

1.2.1 重音

重音一般指的是音强。现在常常用来指语言中的某个成分词、短语、句子等中的音节比另一个成分中的音节更突出（prominent），于是它成为与音强、音高、音长（甚至响度）有关的一种相对凸显性概念。

依据凸显成分的语法性质,我们可以将重音分为词重音和句重音。比如英语的 object,当重音在首音节时,读为 [ˈɒbdʒɪkt],它是名词,意思是"目标、对象、宾语"等;若重音在第二音节,读为 [əbˈdʒekt],则是动词,意为"反对"。汉语中的"报仇"和"报酬",前者读为 bàochóu,是动词,指"报复";后者读为 bàochou,是名词,指"工资"。这种差异是通过第二个音节的轻重来区分的,可见词重音与词义、词性等有着一定的关系。再比如 blackboard,重音在前指"黑板";重音在后指"黑色的木板",写作 black board,这说明除了区别意义,重音还有助于区分词和短语的不同。

句重音也是如此,如"He did"这句话,如果"he"重读,强调是他而不是别人;可如果"did"重读,则是叙述一件发生的事实。句重音的表现还不仅仅如此。依据重音与句子信息表达之间的关系,句重音分为核心重音(nuclear stress)和焦点重音(focus stress)。刚才谈的"HE did"(重音在"HE")是焦点重音。如果重音在"did"上面,就是核心重音。核心重音又叫普通重音或常规重音,就是一个句子在没有特殊语境影响的情况下所表现出来的重音结构。根据冯胜利(2000)的研究,汉语普通话句子的核心重音的范围是句子基础结构中的最后一个动词短语。核心重音由最后一个动词短语的核心词(动词)指派给它所直接管辖的补述语。比如"我喜欢语言学",核心重音的范域(domain)是"喜欢语言学",普通重音的指派者(assigner)是"喜欢",最终核心重音的承担者是"语言学"。相比之下,焦点重音指的是说话人旨在突出句中某一部分信息时所表现出的重音现象。比如同样是"我喜欢语言学"这句话,如果说话人要突出是"'谁'喜欢语言学",那么重音就落在"我"上;如果要突出"喜欢还是讨厌",重音就在"喜欢"上;如果要突出"喜欢'什么'",那么重音就在"语言学"上。这三种不同语境下的"我""喜欢""语言学"承担的都是焦点重音,也有学者称之为强调重音。再比如"他没到山东去,他到山西去了",显然句中的"山东"和"山西"都携带重音,因为这二者形成对比,是说话人重点凸显的信息,有人称之为对比重音,实际上也是一种焦点重音[1]。由此可见,对于一个特定的句子而言,核心重音只有一种情况,但焦点重音可能会有多种情况,要视"语境"(即说话人的意图)而定。

从功能的角度来看,重音往往具有凸显语义焦点的作用。Zubizarreta(1998:88)提出了"焦点凸显原则"(focus prominence rule,以下简称 FPR),表述如下:

(5) **Focus Prominence Rule**(焦点凸显原则)
Given two sister nodes C_i (marked [+F]) and C_j (marked [-F]), C_i is more prominent than C_j.
给定两个姊妹节点 C_i(标记为 [+F])和 C_j(标记为 [-F]),则 C_i 更为凸显。

意思就是说,对于两个姊妹节点 C_i 和 C_j,如果 C_i 是焦点而 C_j 不是,那么 C_i 比 C_j 更为凸显(更重)。由此可见,重音是实现语义焦点的重要手段。

实际上,重音不仅可以凸显语义信息,还可以区分语法结构,消除字面上的歧义(矛盾)。比如"冬天能穿多少穿多少,夏天能穿多少穿多少",前半句重音在"能"上,"多少"为并列结构,表概数;而后半句重音落在"少"上,"多少"为偏正式状中结构,意思是"多么少"。再比如"单身是因为原来喜欢一个人,现在喜欢一个人",重音落在"喜欢"上,"一个人"的意思相当于"某个人";重音落在"一个人"上,意思是"喜欢单身"。诸如此类

---

[1] 关于合成词负载对比重音时重音的实现问题,学界有不同看法。Chao(1968)认为由整个合成词承担,如上所述的"山东"和"山西";而林焘、王理嘉(2013)认为最终被特别强调的还是词中语义负担最重的语素,比如"哪天是星期天"中的"哪","昨天是星期天"中的"昨"。

的例子还很多，比如"他要么就是吃过了，要么就是吃过了，所以不想吃"等等。

1.2.2 轻音

与重音相对的就是轻音，一般指在词内或句内受其轻重格式影响而读得较轻、较短、较低的音节。换句话说，轻音特征不仅表现为音强的减弱，同时还可能伴随着音长的缩短、音高的降低甚至音色的改变。所有的语言都有轻音的现象。譬如英文 I like it 中的 "it" 就是一种轻音。

与轻音相关的还有轻声，轻声一般指失去声调的音节。林焘、王理嘉（2013）等很多文献都将轻声分为两类：一是原本就不带声调的音节，如"桌子""什么"中的"子""么"；二是原本带调的音节进入句子后受韵律格式的制约而失去声调，如"看看""干净""起来"中的第二个音节。

注意：轻音和轻声在音高、音长、音强等声学特征上表现是不一样的，而不严格区分"轻声"和"轻音"是没有弄清楚这两类现象的本质不同。两个概念归属不同的层面，轻声是声调层面的失调音节，属于词汇现象，没有明确、系统的音系规律性[1]；而轻音是重音层面的弱读现象，属于句法现象，具有相对清晰的规则，可以预测。由此可知，林焘、王理嘉（2013）提到的第一类如"桌子""什么"（本就不带调）和第二类中的"干净"（本有调而在词中失调）属于轻声；但第二类中的"看看""起来"都是轻音，因为"看看"是词的重叠形态（reduplication），"起来"是述补短语，二者都不是词汇现象，都属于句法中的结构弱读现象，其规则是明确的。特别值得注意的是，词汇层面的轻声并非有无声调这么简单的二元对立现象，比如"旗子""妻子""荀子""棋子"这四个词中的"子"，词典上"旗子"

---

[1] 但受语体的制约：凡是轻声词的都是口语词，尽管口语词不都是轻声词（Feng 1995）。

和"妻子"的"子"都标为轻声,但仔细对比一下会发现,北京人说"旗子"的"子"的元音可以央化,读成 [tɕʰi³⁵ tsə],同为轻声的"妻子"却不能读成 [tɕʰi⁵⁵ tsə],只能读为 [tɕʰi⁵⁵ tsʅ]。同样,"荀子"和"棋子"的"子"都不是轻声,可是"棋子"的"子"可以儿化,"荀子"的"子"却不能儿化。可见,词汇层面的轻声内部还有很多问题值得深入研究。

汉语普通话中常见的轻音规律有这么几条:(1)句末语气词,如"我们走吧""你呢"中的"吧""呢";(2)助词,如"昨天的课""写得好""真心地邀请你"中的"的""得""地";(3)方位短语中的方位词,如"桌子上""车里"中的"上""里";(4)述补结构中的趋向补语,如"送来""交上去""站起来"中的"来""上去""起来";(5)单音节动词重叠式的第二音节,如"想想""说说"中的"想""说"。

1.3 长音和短音

长短音指的是语言中音段成分的时长表现,比较常见的是元音的长短,有些语言中也存在辅音的长短。

根据 Ladefoged(2011:239),苏格兰高地英语、爱沙尼亚语、芬兰语、阿拉伯语、日语等中都存在长短元音的对立。比如苏格兰高地英语中的 week[wik] 和 weak[wi:k],两个词的区别仅在于单元音 [i] 的长短,元音音质相同[1]。卢干达语、意大利语中通过辅音的长短区别意义。如卢干达语中,包含长辅音 [kk] 的 ['kkúlà] 是"财富",短辅音的 [kúlà] 是"成长";意大利语中的 nonno ['nonnɔ] 和 nono ['nonɔ] 分别是"祖父"和"第九",通过辅音 [n] 的长短形成对立。

汉语普通话及方言中,没有音段长短的对立。同样的一个音节 ba,虽然四种声调(bā、bá、bǎ、bà)下的时长不一样,但不是元

---

[1] 对于英语中的 beat 和 bit、feet 和 fit,虽然也存在元音长短的区别,但多数学者认为同时伴随音色的差异,比如前者均为 [i:],而后者均为 [ɪ]。

音 a 的长短对立。而普通话中的"把 bǎ""摆 bǎi""扁 biǎn"三个韵母中所含的韵素（mora）数量多少不同，但因为都是上声，所以读起来和听起来一样长。曾有学者提出粤方言中存在 [a] 的长短对立，比如"三"[saːm] 和"心"[sɐm]，但更多学者认为这种对立与英语一样，既有音长的区别又有音色的差异，而不是单纯的长短对立。

1.4 语调（intonation）和语气（mood）

与前面谈到的声调相似的是，语调也是一种音高变化。二者的区别在于，声调往往与词的词汇意义或语法意义有关，而语调只与句法信息有关。

语调有广义和狭义之分。广义的语调指句子的音高、音强、音长、节奏等韵律表现，这是一个较为复杂的问题，本书不打算详细介绍，有兴趣的读者可参考曹文（2010）、林茂灿（2012）、林焘和王理嘉（2013）等。这里我们主要谈谈狭义的语调。

狭义的语调指句子的音高变化，也叫作句调（sentential intonation）。世界上几乎所有的语言都有这种音高变化，它可以标记句法单位的边界，还可以传达说话者的态度或情绪。比如英语中的 good 一词，如果读为升调"good"，意思是质疑，说话者认为"一点儿都不好"；而读为降调"good"则是陈述调，表达说话者认为"不错"这一事实。再来看汉语。普通话中的"他喜欢你"，如果用下降的语调来标记这个句子结束，具有陈述事实的功能。但如果改成上升的语调，则意味着说话人对该事实存在疑问，句义类似于"他喜欢你吗"。需要注意的是，汉语是声调语言，因此很多学者研究汉语中语调和声调的相互关系。林焘、王理嘉（2013）基于实验语音分析明确指出："语调对于声调的作用主要是使声调的绝对音高产生变化，实质上也就是使声调的调域发生变化，其中调域上限、调域下限和调域宽度都会在语调作用下发生各种变化。"也就是说，汉语语调的音高变化要以不改变每个音节自身声调的音高走势为前提。以林焘、王理嘉（2013）考察的"赵庆要去售票处"这句话为例，无论是陈述句还是疑问句，句中所有音节的声调仍然保持下降调的趋势，在此前提下，如果全句重音落在句首"赵庆"上，那么"赵庆"之后所有音节的调域上限都明显下落，当然，陈述句的下落幅度要比疑问句大得多[1]。

语气是语调的功能之一。吕叔湘（2002：258）指出，语气也有广义和狭义之分。广义的语气包括语意和语势。语意指正和反、定和不定、虚和实等，语势指说话的轻和重、缓和急。说得通俗一些，语意就是句子意义层面的正反、确定与否、虚实等，语势就是用来表达这些意义的高低、轻重、快慢等手段。除了语意和语势，剩下的就是狭义的语气，吕先生把它表述为"概念内容相同的语句，因使用的目的不同所生的分别"，换句话说，狭义的语气就是说话人的态度和目的。

语意、语势、语气三者的表现法各不相同。语意主要借助于词汇手段，语势的表现就是韵律手段（语调、节奏），语气则兼用韵律和词汇两种手段（语调和语气词）。例如，表达疑问的语气，可以用语气词"吗""呢""啊"等，也可以利用上升语调。需要注意的是，同一个语气词可以用来表达不同的语气，比如"我正看书呢"和"你的书呢"，都用语气词"呢"，但前者为陈述语气（调较低）、后者为疑问语气（调较高）。

由此可见，语调和语气是手段和目的的关系。

---

[1] 详细可以参考林焘、王理嘉（2013：184）图7-8。

2. 韵律单位

正是因为任何一种语言都存在上述这些韵律特征（当然有特征多少、某些特征是否显著的不同），因此每一种语言都有自己的韵律系统，也都有着自身较为敏感的韵律单位。这跟不同语言有着不同的元音辅音系统、不同的词汇系统、不同的语法系统及其单位是一样的道理。

虽然如此，语音学、音系学、音系句法界面等不同视角下的韵律单位还是存在一定的差异。基于不同的视角，学者们构建的韵律层级系统也不尽相同。本书旨在讨论韵律与语法的互动关系，所以主要介绍韵律语法学里的韵律层级系统，亦即McCarthy & Prince（1986）提出的韵律层级图（如图所示）。

McCarthy & Prince（1986）基于韵律构词学框架给出了包含核心韵律单位的层级系统：

（6）

冯胜利（2013：84）基于近年的汉语韵律语法研究，将其丰富如下：

第二章 韵律语法的基本概念和原理 55

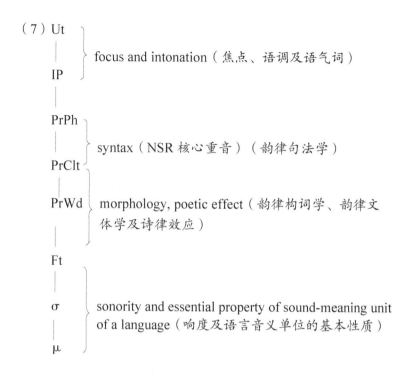

（7）Ut ⎱ focus and intonation（焦点、语调及语气词）
　　IP ⎰

　　PrPh ⎱ syntax（NSR 核心重音）（韵律句法学）
　　PrClt ⎰

　　PrWd ⎱ morphology, poetic effect（韵律构词学、韵律文体学及诗律效应）

　　Ft

　　σ ⎱ sonority and essential property of sound-meaning unit of a language（响度及语言音义单位的基本性质）
　　μ ⎰

下面我们从小到大逐一介绍这些韵律单位。

2.1 韵素（mora）

韵素是最小的韵律单位，指音节中的韵（rhyme）这个单位里面的要素。韵素可以用来衡量音节的重量，也是一些语言构建基本节奏单位的重要依据。一般来说，单韵素音节为轻音节，双韵素音节为重音节，三韵素音节为超重音节。那么如何确定音节的韵素数量呢？生成音系学中有几个原则：（1）音节中的起始辅音不算韵素；（2）充当音节核心的短元音算一个韵素，长元音或双元音都算两个韵素；（3）如果充当音节核心的是辅音，短辅音算一个韵素、长辅音算两个韵素（如斯洛伐克语）；（4）音节末尾的辅音算不算韵素要视语言而定，日语中的韵尾辅音算一个韵素，英语重读音节的末尾辅音也算一个韵素（如"cat"是双韵素音节），但非重读音节的末尾辅音算不算韵素则存在争议（如"rabbit"中的第二个音节）。

按照汉语传统音韵学的音节结构来说，声母和韵头都不算韵素，韵腹和韵尾各算一个韵素。因为汉语普通话中没有长、短音位的对立，所以单元音韵母是一个韵素，后响双合复元音韵母（如 ia、ie、ua、uo）也是一个韵素（韵头不算韵素），但前响双合复元音韵母（如 ai、ei、ao、ou）是两个韵素，中响三合复元音韵母（如 iao、iou、uai、uei）和鼻韵母（如 an、en、ang、eng 等）也都是两个韵素。如下所示：

表1 汉字、拼音、韵素数量对照表

汉字	拼音	韵素	韵素数量
律	lǜ	ü	1
法	fǎ	a	1
六	liù	u	1
假	jiǎ	a	1
派	pài	ai	2
盘	pán	an	2
表	biǎo	ao	2
编	biān	an	2

然而，无论是两个韵素还是一个韵素，汉语对一个音节内部的韵素数量多少并不敏感。换句话说，汉语母语者并不认为 lü、liu 是短音节或轻音节，同样也不会觉得 lai、lan 是长音节或重音节，包含一个韵素的音节和包含两个韵素的音节在汉语的节奏中不会形成对立。相比之下，日语就对韵素的数量非常敏感。

2.2 音节（syllable）

音节是语言中自然感知到的最小语音片段。按照语音学的标准来说，就是每一次响度起伏、肌肉张弛一次，就形成一个音节。换句话说，音节一般以元音为标记，以元音前后的辅音为界限，例如最普遍的简单音节结构是 CV（C 代表辅音、V 代表元音），也就是说元音是音节中必不可少的成分。

每种语言都有自己的音节结构。比如两个元音连续出现时，有的语言将其划归一个音节，如汉语的 [ai]；也有的语言将其分归两个不同的音节，比如英语 naive 中的 [a] 和 [i]。有的语言允许音节开头或末尾出现多个辅音，如英语的 spring 开头的 [spr]、best 末尾的 [st]；而有的语言只允许音节首尾出现单个辅音，比如汉语普通话 dan 中的 [d] 和 [n]。当然，还有一些语言允许个别辅音独立成音节，比如汉语普通话中的 [m] 可以表示肯定应答，而粤方言中的 [m] 意思是数字"五"，汉语方言平遥话中的 [n] 或者 [ŋ] 表示第二人称单数。

因为音节结构相对简单且有汉字的辅助，汉语中音节的界限非常清楚，基本上一个音节对应一个汉字（儿化音除外），比如"我喜欢语言学"这个字符串包含六个音节。按照音韵学的观点，汉语的音节结构分为声母、韵母和声调三部分，韵母又分为韵头、韵腹和韵尾三部分。对汉语的音节来说，韵腹和声调是必不可少的，且韵腹只能由元音充当（辅音单独成音节的除外，如表示应答的 [m̩]）。一个音节最少包含一个音素，最多可以包含四个音素，如"装"[tʂuɑŋ]。

从音节与语法单位的关联来看，除了联绵词、音译外来词、叠音词之外，汉语中基本上一个音节就是一个语素，与此同时，一个音节也用一个汉字来记录（儿化音除外），所以这一特点也可以概括为汉语的"语素—音节—汉字对应律"。所以对汉语来说，判断音节非常容易，基本上一个汉字就是一个音节。

不同语言的音节结构不同。比如在英语中，star 是一个音节，strange 也是一个音节，英语的音节开头可以有辅音丛（consonant cluster），比如 strange 里的 str-[str]，音节末尾也可以有两个辅音，比如 strange 里的 -nge[ndʒ]。

2.3 音步（foot）

音步是语言中最基本的节奏单位。人们说话时会无意识地产生很多停顿，处于两个最小停顿之间的单位就是音步。之所以强调"无意识"，是因为语言中有些停顿是受意义和结构影响的停顿，而我们这里要讨论的是"自然而然"的纯粹节奏中的停顿。

诗歌便是最容易反映汉语节奏的一种文体。启功（1997：182）指出，汉语诗句中两字一"顿"或一"逗"，这种"顿""逗"不以诗句的语法结构和语义内容而改变，所以是一种自然而然的停顿，因此这里的"两字"就是汉语的音步，启功先生将其称为"两字'节'"。如下所示（竖线"|"代表停顿）：

（8）三字经：人之|初，性本|善，性相|近，习相|远。
（9）四言诗：人无|远虑，必有|近忧。
（10）五言诗：独坐|空房|中，谁与|相劝|勉。

诗歌有诗歌的节奏单位，自然语言也有自身的节奏单位。学界一般称这种不受语义和语法影响的节奏单位为"自然音步"。冯胜利（1998）通过音译词和多个单音节组合而成的并列结构及数字串，得出了汉语普通话自然音步的基本规律：

（11）① 从左向右组建音步；
② 双音节优先组构标准音步；
③ 单音节不成音步；
④ 剩余的单音节与其左邻的双音节组成一个音步。

（12）音译词　　巴西、加拿大、阿尔巴尼亚、巴基斯坦、捷克斯洛伐克、布宜诺斯艾利斯
　　　并列结构　数理化、柴米油盐酱醋茶、春夏秋冬、金木水火土

数字串　　111、2222、33333、444444、5555555

　　比如"巴西"是一个标准的双音节音步,"加拿大""数理化"都是2+1式的三音节音步,"巴基斯坦""春夏秋冬"都是2+2式的两个标准音步,"阿尔巴尼亚""金木水火土"都是2+3式的一个标准音步加一个三音节音步,"捷克斯洛伐克"是2+2+2式的三个标准音步,"布宜诺斯艾利斯""柴米油盐酱醋茶"都是2+2+3式的两个标准音步加一个三音节音步。

　　这样看来,无论是诗歌还是自然语言,汉语中最自然的音步是"两字音步",也就是双音节音步(简称双音步),又叫标准音步。那么语言中有没有单音节音步或者多音节音步?回答是肯定的。冯胜利(1998)提出汉语的音步"小不减二大不过三",意思是说,除了最普遍的双音节标注音步之外,还有三音节的超音步,比如"电视机""中性笔""电影院"等。在此基础上,王洪君(1999)又将汉语的音步概括为"二常规、三可容、一四受限",意味着除了标准音步和超音步,还有严格受限的单音节音步和四音节音步。当然,这些特殊音步往往都是受语法结构和语义内容影响的结果。例如:

(13) 几十万年以前,人不过是一种直立的"灵长类动物"而已,直到人类建立了文明,为了自别于以往,才自称为"人"。

　　上面这句话里,第一个"人"就是单音节音步,也就是"退化音步"或"蜕化音步"(degenerate foot)。之所以叫退化音步,是因为一般情况下单音节不能独立成音步。例如:

(14)　老王　　　小张　　　欧阳　　　司马
　　　*王　　　 *张　　　?老欧阳　 ?小司马
(15)　大兴县　　顺义县　　通州　　　蓟县
　　　大兴　　　顺义　　　*通　　　 *蓟

（16）	*印度国	*荷兰国	法国	德国
	印度	荷兰	*法	*德
（17）	峨眉山	普陀山	华山	泰山
	峨眉	普陀	*华	*泰
（18）	十一岁	五岁	八号	初三
	十一	*五	*八	*三
（19）	杨柳树	松树	石斑鱼	鲤鱼
	杨柳	*松	石斑	*鲤

可见，自然语言中的单音节一般不能独立构成一个音步。

四音节一般包含两个双音节标准音步，比如"整理资料"，"整理"和"资料"之间可以有间歇，它们各自构成一个音步。但是有一些固化的四字格，如"稀里糊涂""乱七八糟""黑不溜秋""傻不拉几"等，其中的四个音节无法切分成两个节奏单位，它们的整体构成一个音步，只有一个主重音[1]，这种韵律和构词的界面单位叫作"复合韵律词"。这种四个音节构成一个音步的现象也属于少数情况，不是普遍现象。

不同语言的音步类型也不尽相同。对于像汉语这种对韵素数量（即音节的重量）不敏感的语言来说，音步主要由音节组合而成，也就是音节型音步。相比之下，日语等语言对单个音节内韵素的数量极为敏感，因此其音步主要由韵素组合而成，叫作韵素型音步。音步类型的不同会导致语言呈现不同的节奏。

2.4 韵律词（prosodic word）

看到"韵律词"这个术语，大家自然会联想到"词"。我们都知道，词是最小的能够独立运用的语法单位。韵律词和词有相似的地方，

---

[1] 大多学者认为其重音模式为"中轻轻重"。

即韵律词也是一个最小的能够独立运用的单位，但它不是一个语法单位，而是一个韵律单位，属于纯语音层面的单位。因此，韵律词的定义是：最小的能够独立运用的韵律单位。换句话说，在语音上能够独立运用的最小单位就是韵律词。

语法层面的独立运用包括单说、单用、单独充当句法成分等，那么什么是语音层面的独立运用？简单地说，不管是不是一个语法成分、能不能表达一个相对独立或完整的意义，只要在自然语流中可以组成一个相对独立的语音模块（也就是音步），就相当于一个韵律词。从韵律层级系统来说，韵律词的大小直接由它的下级单位——音步来决定。

冯胜利（1996）指出，韵律层级中，从韵素到音节、从音节到音步都是组成关系，而从音步到韵律词属于实现关系。因此对汉语而言，双音节构成标准音步，标准音步实现为标准韵律词[1]；三音节构成超音步，超音步实现为超韵律词。

从音步的实现方式上来看，汉语韵律词的类型主要包括如下几种：

(20) 重叠式，如"天天、看看、红红火火"；
延长式，如"寻么、眨么"；
感叹语，如"妈的、天哪、哎哟（喂）"；
凑补式，如"有夏、老虎、石头"；
缩略语，如"北大、中科院"；
复合式，如"水井、垫肩、热带鱼"；
音译式，如"沙拉、加拿大、巴基斯坦"；
固化式，如"稀里糊涂、傻不拉几"；
……

---

1 用韵律构词学上的专业术语来说是"mapping"：韵律单位和构词单位之间的匹配。

就自然语言（或语串）中的韵律词而言，主要取决于句子中的音步组构。Chen（1979）、Shih（1986）、冯胜利（1996）的音步切分程序是：

（21）（i）先按直接成分分析法切分句子；
　　　（ii）再从右向左系连各成分中的双音步；
　　　（iii）剩余的单音成分仍系连成双音步；
　　　（iv）不成双音步的单音成分系连到邻接的音步上，根据句法关系决定左附还是右附。

以冯胜利（1996）所举的"校长想请小王吃晚饭"这个句子为例，音步组构的步骤如下（单斜线和双斜线代表句法切分，小括号代表音步）：

（22）（i）校长 // 想请小王 / 吃晚饭
　　　（ii）（校长）// 想请（小王）/ 吃（晚饭）
　　　（iii）（校长）//（想请）（小王）/ 吃（晚饭）
　　　（iv）（校长）//（想请）（小王）/（吃（晚饭））

由上可见，最后出现在小括号中的单位都是音步，也就都可以实现为韵律词，其中双音节的"校长""想请""小王"都是标准韵律词，而三音节的"吃晚饭"是超韵律词。

当然，如果是由单音节词构成的独词句，比如："走！"（命令句）、"我。"（回答"谁呀"时的答话）等等，就是单音节构成蜕化音步，蜕化音步又实现为韵律词，这属于特定条件下的特殊情况。

基于上面的现象，再来看韵律词和我们熟悉的语法系统中的词或短语之间的关系（为区别于韵律词，我们称之为"语法词""语法短语"），就比较清楚了。韵律词和语法词不是一回事儿，它们之间的关系至少有三种情况：

第一，一个韵律词对应一个语法词，如上面提到的"校长""小王""晚饭"；

第二，一个韵律词对应一个语法短语，如"吃晚饭"；

第三，一个韵律词不是一个语法单位或直接成分，如"想请"。

正因为韵律系统中的韵律词有时候不等于语法系统中的语法词，所以启功（1997：82）将这种不合语法词的韵律词称为"古代硬捏的词"，比如从"友于兄弟"和"微管仲"中截出的"友于"和"微管"。"硬捏"这个比喻很形象，但谁硬捏的？显然，硬捏的施动者是"韵律"，它们是"韵律硬捏的词"。

不同语言中，韵律词的类型也有所不同，这与不同语言的音步类型差异有关，而音步差异又和该语言的音系系统有关。本书对此不作讨论。

第三节　语法的含义与类别

语法有广义和狭义之分。

狭义的语法只指句法，即词和词、词和短语组合构成短语或句子的法则。

广义的语法包括词法和句法两部分（有时候也指音法）。请看下面的例子：

（23）（i）头疼　头很疼　很头疼
　　　（ii）大话　说大话　悄悄话
　　　（iii）租车　租汽车　出租车

其中的"头疼""大话""悄悄话""出租车"都是词，说明汉语中语素之间相互组合构成合成词,这种组合的规则就是构词规则,即词法;而"租车""头很疼""很头疼""说大话""租汽车"都属于词和词组合构成短语,其组合要遵循汉语的短语结构规则,即句法。词法和句法都叫语法。

因此词法是关于构词的法则,汉语中词根语素较多、词缀语素较少,换言之,汉语的构词法以复合构词为主、派生构词为辅。复合词的主要结构类型包括主谓式、偏正式、联合式、动宾式、补充式等,比如"头疼"是主谓式,"大话""悄悄话""出租车"都是偏正式。而句法是关于构成短语和句子的法则,包括词的语法分类、短语的结构类型、句子的结构类型等内容。

实际上,语法不仅是词法和句法,它包括音法、词法、句法、用法等多个语言层面的规律,是由对立现象构成的一个有规则的系统。如果从界面互动角度来看,语法甚至还应该包括词法或句法受其他层面制约后形成的界面语法,比如韵律语法、语体语法等。总之,语言哪里有规则,哪里就有语法。

本书基于非线性音系学和形式句法学(formal syntax)理论背景,讨论韵律对语法的控制作用,这是韵律语法学研究的基本框架。

第四节 韵律语法

1. 韵律单位与语法单位的关联

韵律系统中有韵律单位,语法系统中有语法单位。如果说韵律可以作用于语法,那么韵律单位和语法单位之间就一定会有关联。下面我们就以韵律系统中的韵素、音节、音步、韵律词四级基本单位为例,看看它们和语法系统的语素、词、短语、句子之间存在哪些对应关系。

（1）韵素和语素。韵素是最小的韵律单位，语素是最小的音义结合的语法单位。比如"一个"中的"yi"（[i]）和"ge"（[kɤ]），分别是一个韵素，同时又各是一个语素。但是对于"动静"中的"dong"（[tuŋ]）和"jing"（[tɕiŋ]）来说，分别包含两个韵素，但仍然分别是一个语素。由此可见，汉语中的一个语素可能对应一个韵素，也可能对应两个韵素[1]。

（2）韵素和词。词是语法系统中最小的能够独立运用的单位。像"的/地/得/了"这样的词，分别包含一个韵素；而像"人/口/手"这样的词，分别包含两个韵素。由于单音节词也是一个语素，所以单音词与韵素的关系就相当于语素与韵素的关系。如果是双音节（以上）的词，那就不一样了，双音词至少要包含两个韵素，比如"语素"这个双音词就一共包含"ü"和"u"两个韵素。

（3）韵素和短语。短语是由词构成的能够独立运用的语法单位。如上所述，一个词至少对应一个韵素，所以汉语不存在一个短语对应一个语素的情况，一个短语至少要由分别对应两个词的两个韵素构成，比如数量短语"一个"分别对应"i"和"e"两个韵素。

（4）韵素和句子。句子是汉语语法系统中的最大单位，因此和短语的情况类似，汉语中基本没有一个韵素对应一个句子的情况。只有表示应允的 m 单独成音节且单独成句时，一个句子对应一个韵素，这属于个别现象。

（5）音节和语素。现代汉语的特点之一就是语素以单音节形式为主，也就是说，汉语中一个音节对应一个语素是主流，比如"韵"和"律"是两个语素，同时也是两个音节。有几种特殊情况需要排除在外，比如联绵词、叠音词、多音节的音译外来词等。联绵词和叠音词都是两个音节对应一个语素，如"彷徨""蜿蜒""徘徊""猩猩""狒狒"；多音节的音译外来词是两个（以上）音节对应一个

---

[1] 或许有人会问，有没有一个语素对应三个韵素的情况，比如"花儿 huār"中的 uar？这是一个值得进一步研究的问题，本书暂不作讨论。

语素，比如"哈佛""华盛顿""哥伦比亚""宾夕法尼亚"等。

（6）音节和词。汉语中的单音词、双音词、多音词等术语充分说明了汉语词和音节的关系，即汉语中词和音节的关系有一对一、一对二、一对多等不同的类型，比如"水""开水""白开水"。但是反过来，汉语中没有一个音节对应两个（以上）词的情况。

（7）音节和短语。如上所述，如果汉语中没有一个音节对应两个（以上）词的情况，而短语正是由词和词组成的单位，那么也就意味着汉语中不存在音节和短语的对应关系。换句话说，一个短语至少要包含两个音节，比如"我去"。

（8）音节和句子。虽然汉语中不存在一个音节对应一个短语的情况，但存在一个音节对应一个句子的情况，也就是由单音词加句调构成的独词句。例如，除句调外，"去。"就是一个句子对应一个音节，反过来说，一音节一句。当然这属于特殊情况，大部分句子都与多个音节相关。

（9）音步和语素。对汉语来说，音步是由音节组合而成的韵律单位；而语素是最小的音义结合体，这里的"音"指的是音节。如果以标准音步为例，音步和语素的对应关系就是两个音节对应一个语素，符合这一情况的就是上面提到的联绵词和叠音词，如"仿佛""玲珑""星星"等，都是一个音步对应一个语素。如果是三个音节的超音步，那就是音译外来词，比如"华盛顿""阿富汗""肯尼亚"等，都属于三音节的超音步对应一个语素。

（10）音步和词。汉语音步有标准音步、超音步和残音步，这三种音步都和词有对应关系。标准音步就是双音词，包括汉语的双音节复合词、双音节派生词、双音节联绵词、双音节叠音词、双音节音译外来词，如"节奏""拍子""玻璃""猩猩""卡通"。超音步常常表现为三音节词或四音节词，包括汉语的三音节复合词、三音节音译外来词、四音节音译外来词等，如"电视机""阿富汗""巴基斯坦"等。残音步同样可以成词，即单音节词，如"人""你"。需要注意的是，残音步可能是单音节词，但单音节词未必就是一个残音步，因为在自然语流中，单音节往往与相邻的单音节构成标准音步，也可能与相邻的标准音步构成超音步，只有在特殊情况下，才会出现单音节独立而成的残音步。

（11）音步和短语。正如音步和词的关系一样，不同类型的音步也可以实现为短语。标准音步就是双音节短语，比如"看完""吃好"；超音步以三音节短语居多，比如"看得见""来不及"；残音步与短语关联要分情况，一般来说，独立成音步的单音节残音步不可能对应一个短语，原因如（7）所述，但若是包含轻声音节的双音节残音步，比如："我的""走了""好吗"，就属于一个残音步对应一个短语。当然，汉语中究竟有多少种不同类型的残音步，这是另外一个有待独立研究的问题。

（12）音步和句子。音节可以对应于句子，音步同样如此。无论是标准音步，还是超音步和残音步，加上特定的句调就可以成为一个句子，比如："好！""我俩。""送过来吧！"

（13）韵律词和语素。对汉语来说，音步可以实现为韵律词，所以韵律词和各级语法单位的关联与音步类似。当双音节（以上的）联绵词、音译外来词实现为韵律词时，一个韵律词对应一个语素，比如"蝴蝶""芝士"；当单音节词实现为一个韵律词时，也是一个韵律词对应一个语素，比如"缩在墙角的他"中的"他"。

（14）韵律词和词。一个韵律词可能对应一个词，也可能对应几个词的组合（短语），还可能对应一个非语法单位。比如"书放在桌子上"中的"书"既是一个词，也是一个韵律词；"桌子上"是两个词的组合，却是一个韵律词；"放在"是一个韵律词，却不是一个语法单位。

（15）韵律词和短语。如上所述，韵律词与短语没有必然的对应关系。对于双音节的标准韵律词和三音节（以上）的超韵律词来说，可能会对应于一个短语，如"帮人帮到底"中的"帮人""帮到底"；但若是双音节以下的非标准韵律词，则不可能是一个短语，如"帮还是不帮"中的前一个"帮"。

（16）韵律词和句子。同样，任何一个韵律词加上特定的句调就可以实现为一个句子，例子可以参考（12）。

当然，各级韵律单位和语法单位之间除了上述种种对应关系之外，也常常存在错位关系，即某个韵律单位不是一个语法单位，或者某个语法单位不是一个韵律单位，换句话说，韵律结构和句法结构之间有时是错位的。

2. 韵律结构与语法结构的对应与错位

自然语言中韵律结构对应语法结构的现象非常普遍。例如"我们喜欢语言学"这句话，母语者会不自觉地切分出三个韵律单位（音步）——"我们""喜欢""语言学"，而这三个单位恰好就是三个语法单位（语法词），没有人会说成"我|们喜|欢语|言学"，既打破韵律结构又违背语法结构，这就是韵律和语法的对应。除此之外，还有一种复杂的情况，即同一个语言形式会出现多种韵律切分和语法解析的可能性，但就其中的某一种韵律切分和某一种语法解析而言，二者仍然是彼此对应的。例如：

（24）[烘手机]$_{PrWd}$：[[烘手]$_{VP}$ 机]$_{NP}$、[烘 [手机]$_{NP}$]$_{VP}$

（25）[[无肺]$_{PrWd}$ [病牛]$_{PrPh}$]$_{PrWd}$：[无 [肺病牛]$_{NP}$]$_{VP}$、[[无肺]$_{VP}$[病牛]$_{NP}$]$_{NP}$、[[无肺病]$_{VP}$ 牛]$_{NP}$

显然，"烘手机"可以理解为偏正结构，也可以理解为动宾结构，前者对应 2+1 式的韵律结构，后者对应 1+2 式。同理，"无肺病牛"中的名词中心语可以是"肺病牛"，也可以是"病牛"，分别对应 1+3 和 2+2 的韵律模式。

当然，韵律和语法之间并非总是匹配（mapping）的，也会出现韵律结构和语法结构之间的错位。简单来说，就是某个韵律结构不是语法结构。例如：

（26）一衣/带水、语言/学会、有所/不知
（27）放在/桌子上、丢到/垃圾桶里

这里的斜线"/"都表示韵律单位的边界，（26）中的"一衣带水""语言学会""有所不知"有着同样的韵律结构，即2+2式。可从语法结构上来说，"一衣带水"是"一/衣带/水"，跟"一箩筐枣"相同；"语言学会"是"语言学的组织"，语法结构是"语言学/会"；"有所不知"则应该是"有/所不知"。这样看来，2+2式的韵律结构中的前两个音节（如"一衣""语言""有所"）和后两个音节（"带水""学会""不知"）都打破了原有的语法结构。（27）的两个例子从语法上来说都是"动+介宾"的结构，然而在语流中却必须读为"动介+宾"，这里的"动介"（"放在"和"丢到"）也都不是语法成分。

3. 韵律规则与语法规则的互动

语言中的不同层面之间存在互动性，韵律和语法也不例外。大多数情况下，韵律规则和语法规则是一致的，表现为韵律结构与语法结构的对应性；特殊情况下，韵律规则和语法规则会出现冲突，结果有可能是韵律服从语法，或者语法服从韵律，这两种情况在汉语中都有丰富的表现。

3.1 语法制约韵律

韵律操作遵循语法规则最好的例证是汉语中的上声连读变调。

对于三个音节（以上）的语言形式，上声的变调模式要依据语法结构而定，比如：

(28) 展览馆（223）——小诊所（半23）——小、好、美（333）

同样是三个上声音节连读，"展览馆"要求前两个音节都变为阳平调，结果调值就是35+35+214；"小诊所"却要求首音节变为半上声，第二音节变为阳平，结果调值为21+35+214；而"小、好、美"又都读原调，没有发生连读变调，结果调值仍为214+214+214。出现三种不同变调模式的原因在于三者的语法结构不同，"展览馆"为2+1、"小诊所"为1+2、"小、好、美"为1+1+1。由此可见，这里的音高变化受到语法结构的影响，也就是语法规则控制韵律操作。

汉语中句子的韵律切分（如音步组构）同样要参照语法结构。比如"今天下午两点在逸夫报告厅有个讲座"，无论切分出的韵律单位是大是小，都不可能无视内部语法结构而得到"点在逸""告厅有"这样的片段，相反，我们切分出的可能是"今天下午两点""在逸夫报告厅""有个讲座"这样一些片段，这些语言片段无一不是合法的语法单位，因此，语法规则在一定程度上控制着句子的韵律切分。

3.2 韵律制约语法

语法研究的细化和成熟让我们了解到了语法对韵律的限制，这种认识的强化曾经使得很多学者认为这种限制是单向的，不仅仅是语法对语音（包括韵律），对其他层面亦是如此，换句话说，语音不可能对语法操作产生反作用力，而韵律语法近二十年的研究恰恰证明了这种反作用力不但存在，而且在汉语中表现得尤为淋漓尽致。

简单来说，汉语中韵律对语法的制约主要表现在韵律制约词法、韵律制约句法两大方面。先看下例：

（29）皮鞋厂　＊鞋工厂　折扣店　＊折商店
（30）写汉字　＊书写字　擦地板　＊擦洗地

就以上述两类现象为例，（29）中"皮鞋厂""折扣店"和"＊鞋工厂""＊折商店"的对立显示，在保证语法结构和语义内容基本不变的情况下，2+1合法，而1+2非法，说明汉语的复合构词受到韵律中音步组向规则的控制，右向音步合法而左向音步受限，这就是韵律制约词法的表现。同理，（30）中的情况却截然相反，1+2的"写汉字""擦地板"都合法，而2+1的"＊书写字""＊擦洗地"都非法，音步组向规则仍然在发挥作用，但作用的对象却不同，（29）中的语法产品是复合词，而（30）中产品是短语，可见，韵律对句法同样存在约束。实际上，无论是韵律制约词法还是韵律制约句法，这里都只是从最简单的现象列举一二，更多现象及其制约机制，我们将在本书第三章和第四章专门讨论。

当然，除了韵律和语法的相互制约之外，二者也会彼此呼应，合力作用于语言形式，这是语言规律性、系统性的表现。比如，很多具有歧义的语言形式，往往是通过不同的语音特征，尤其是韵律特征来标记不同的语法结构，进而表达不同的语义内容。例如"冬天能穿多少穿多少，夏天能穿多少穿多少"，显然，上例的两个"多少"有两种读法：如果"少"读轻声，"多少"就是一个词，语义为"不确定的数量"；如果"少"不读轻声，"多少"就是短语，意思就是"少到极点"。不同的韵律表现、不同的语法范畴、不同的语义内容三者之间是一致的。

自郭绍虞（1938）论及汉语的节律问题起，到林焘（1957、1962）、吕叔湘（1963）、吴为善（1986、1989）、陆丙甫（1989）、张国宪（1989）、Lu & Duanmu（1991、2002）、端木三（1999、2000、2007）、王洪君（2001）等对汉语语音–语法互动关系的个

案研究，再到 Feng（1991）、冯胜利（1996、1997、1998、2000、2005）明确提出"韵律语法"分支学科，乃至今天越来越多的学者对这一领域的关注，已有的研究发现了汉语中韵律制约语法的众多事实。

具体来说，正如冯胜利（2011）总结的那样，汉语中存在着大量韵律语法效应现象：重音转移对上古汉语宾语倒置的影响，核心重音规则（nuclear stress rule，简称 NSR）对动宾短语带宾语的限制（如"*负责任护理工作"），核心重音对动补结构带宾语的限制（如"*打牢固基础"），核心重音促发的动后介词并入（如"写在了纸上""*写了在纸上"）等等。而从宏观的方面来说，韵律不仅制约汉语的构词法，而且控制汉语的句法；韵律不仅影响汉语的口语语法，而且在很大程度上创造了汉语的书面语语法；韵律不仅反作用于语言内部的语法，而且决定了不同文体中的语言机制。

这些发现告诉我们，"韵律制约语法"不仅是汉语的事实，而且也是汉语之所以如此的本质所在。既然如此，我们要进一步思考的是，为什么韵律在汉语中发挥着如此丰富而重要的作用？韵律是否也是决定语言规律的底层动因？这是韵律语法学今后应该主要研究的课题之一。

此外，就方法论而言，应学凤（2013）提到，目前韵律语法学的研究思路有两种：一是"从句法内部寻求解释"，一是"从语义、认知等方面对韵律制约句法的现象进行解释"。应文认为前者仍然是一种描写，后者才是真正的解释，然而我们需要思考的是，如果韵律对句法的控制动因在于语义，那么就相当于是语义控制韵律和句法，相关的现象也就不是韵律语法现象，而是语义语法现象。反过来说，如果我们承认上文提及以及下文将要详细介绍的众多事实确属韵律语法现象，那么这就意味着上述现象已经排除了语义因素的可能性，这一点是要特别明确的。

第二章　韵律语法的基本概念和原理

本章小结

本章主要介绍韵律语法的基本概念，包括：（1）几个常用的相关术语：韵律、节律、节奏、节拍、旋律；（2）韵律层级中的主要单位：韵素、音节、音步、韵律词；（3）超音段成分：声调、重音、长短音、语调、语气。在此基础上，指出了本书所谈的"韵律语法"的含义，并举例说明了韵律和语法的关系，如韵律单位与语法单位的关联、韵律结构与语法结构的错位、韵律规则与语法规则的互动。最后回顾了韵律语法学的发展历程，提出问题并展望了学科今后的发展方向。

在这一章中，读者应该掌握的重点内容包括：韵律的基本单位及其概念、超音段成分在不同语言尤其是汉语中的作用、韵律单位和语法单位的关系、韵律结构与语法结构的匹配或错配（mismatch）、语言现象中韵律规则与语法规则的互动。

【思考题】

1. 什么是韵律？
2. 韵律和音韵有什么关系？
3. 韵律层级系统中包含哪些单位？
4. 什么是韵律语法？
5. 韵律结构与语法结构如何匹配？如何错位？请举例说明。
6. 下面这些语言片段是不是韵律词？为什么？
   看　看了　看见了　看得见　看见了吧　看见了没有
   看得见看不见　看见了没有呢
7. 2016 年出版的 *Encyclopedia of Chinese Language and Linguistics*《中国语言与语言学大百科全书》中的"disyllabification（双音化）"词条，用上古的二言诗来证明上古韵素音步的存在（原文见下）。阅读下面的原文，然后回答问题。

断　竹，　续　竹；　飞　土，　逐　肉。
ton? trjuk, ljoks trjuk; pjəj hla?, drjiwk njuk

The oldest poem we know as in (2) indicates that one syllable could form an independent foot because no poetic lines are in general formed by fewer than two feet, and if *ton?*trjuk 断竹 'cut bamboo' is a poetic line it must consist of two prosodic units (or two feet); if *ton? *trjuk has two prosodic units (feet), then *ton? and *trjuk must each be a prosodic unit. And then, if *ton? 断 (or *trjuk 竹) is a syllable as is generally assumed in the literature and if it is also a prosodic unit (foot) as shown above, then one syllable must be a prosodic unit. Since there is no prosodic unit (foot) without a branching structure (by the relative prominence principle), the syllable *ton? and *trjuk must be analyzed as a branching prosodic structure. Since a syllable branching structure is analyzed in terms of moras in metrical theory, the archaic syllables of *ton? and *trjuk in the disyllabic poetic line are consequently also analyzed in terms of moras. This entails further that each syllable has at least two moras (or two moraic positions) in a poetic line formed by two syllables, giving rise to a moraic foot structure. This type of moraic foot structure was replaced by a syllabic foot structure later in the language.

回答：（a）作者论证中用了哪些必要前提？
　　　（b）推导的步骤和过程有哪些？
　　　（c）作者得出怎样（和怎样得出）的结论？

第三章 韵律与词法

韵律构词学关注韵律对词法的制约,具体来说,就是从语音的角度研究词的大小问题。无论对普通语言学还是汉语语言学来说,韵律构词学都属于一个新的领域,很多韵律构词的现象直到半个世纪之前才引起了大家的注意。

郭绍虞(1938)最早关注到汉语单双音节词之间的"弹性",而吕叔湘(1963)首次讨论了汉语不同句法结构对1+2和2+1的音节搭配模式的选择性和倾向性。比如动宾式的2+1不好、偏正式的1+2不好。为什么会这样?这是韵律构词学研究的主要内容之一,对这一现象的介绍和讨论详见本章第二节。

本章第一节介绍韵律词法的界面单位——音步、韵律词;第二节是韵律词法的作用机制——自然音步、最小词、最大词;第三节是韵律对词法的作用——韵律构词和韵律形态(prosodic morphology)。

第一节 韵律词法的界面单位

王洪君(1999:144)提到,与词法有关的韵律单位是那些比韵律词小的单位,从大到小依次为:韵律词、音步、音节、韵素(或摩拉)。每种韵律单位的结构因不同语言而异、因同一语言的不同规则而异。比如韵律词有最大韵律词、标准韵律词、最小韵律词之分,音步有超音步、标准音步、残音步、蜕化音步之分,音节有最大音节、标准音节、最小音节之分等。这些细分后的韵律单位都与词法有着密切的关系。

我们在第一章中已经介绍过这四级基本韵律单位，本节主要就汉语中与词法相关的韵律单位逐一梳理，并着重介绍其作为界面单位的特性。

如前所述，汉语是一种"语素-音节"型语言，因此就韵素和音节这两级最基础的韵律单位而言，汉语对韵素的数量不敏感，音节的多少却至关重要。从词法的角度来看，汉语的一个音节究竟包含一个韵素还是两个韵素，不会导致构词规则的差异。因此，韵素这一最小的韵律单位在汉语词法中的作用尚未发现，换句话说，我们暂且不把韵素当作汉语韵律词法的界面单位。

相比之下，音节当然是至关重要的韵律词法界面单位。其重要性就在于汉语中音节的数量影响着语言形式能否成词以及成什么词，比如汉语的最小词汇词（minimal lexical words）究竟是单音节词还是双音节词、汉语的基础复合词（而非复杂复合词）为什么都是双音节、汉语的基础派生词为什么都是双音节、汉语的一些单音节词为什么单说时受限等等，这些都说明汉语的构词法对音节的数量非常敏感。尽管如此，音节对词法的影响仍然是表面的，换句话说，如果站在传统的音段型语音单位的角度来看，汉语的词法似乎与音节的数量有关，然而究其本质，音节背后隐藏着更为抽象、统一的超音段规则，那就是音步或韵律词这样的超音段单位在限制、控制着汉语的词法。因此，严格来说，韵律词法的界面单位主要是音步和韵律词。

如前所述，音步是语言中最基本的节奏单位，现代汉语的音步由音节组合而成，不同的音步又组合构成或者直接实现为不同的韵律词。汉语中的一个标准音步（即双音节音步）实现为一个标准韵律词，标准音步和标准韵律词在汉语的构词法中有着非常基础而重要的作用。众所周知，汉语从古至今在词法上最显著的变化是词的双音化，这是结果。根据冯胜利（2009a，b）的研究，这与古今汉语音步类型的转变有关（从韵素型音步到音节型音步）。正因如此，现代汉语的构词法在形式上与标准音步密切相关，换句话说，标准音步和标准韵律词是很多语言形式能否成词或能否独立使用的关键。第一章中介绍韵律层级单位时，我们已经在"音步"部分举过一些例子，例如人名"张文"不能说成"*文"，但"张小文"可以说成"小文"；地名"蓟县"不能说成"*蓟"，但"密云县"可以说成"密云"。即便已经成词的数词在很多情况下也不能单用，如"五岁"不能说成"*五"等等。

类似的由音步和韵律词控制的词法现象还有很多。比如汉语中很多的多音节专有名词都有简称，简称形式可能是单音节、双音节或三音节等。然而双音节和三音节简称可以独立使用，如"北大""中科院"，唯独单音节简称不能独立使用，如"北京一带"不能说成"*京一带"，"天津那边儿"也不能说成"*津那边儿"，但我们可以说"京津一带"，两个单音节简称组合成双音节后就没问题了。

不仅口语是这样，书面语更是如此。单音节在语音上不能独立使用的典型现象，还有本书导论中提到的书面语体中的嵌偶词，指"句法自由，韵律黏着"的单音词（详参冯胜利2005a、b、黄梅2008等）。比如"校"在书面语体中是一个词，我们可以说"两校""在校""校方"，但作为词的"校"使用的前提是"嵌偶成双"，这也是汉语标准音步对书面语词法系统制约的一种体现。

除此之外，汉语中的固化词（或者叫固定短语）也体现了音步、韵律词对词法的制约。我们有很多来自古汉语句法形式的固化词，实词和实词组合的短语发生词汇化比较容易理解，还有很多是实词与虚词组合后的词汇化，例如"等于""何在""来自""于是""因此"等，这不能不说是汉语音步和韵律词的作用。不仅双音节的标准音步、标准韵律词如此，三音节的超韵律词、四音节的复合韵律词也都在汉语词法中发挥着自身独特的作用。三音节的超韵律词直接造成了汉语中大量的俗语，如"拍马屁""撂挑子""背黑锅""顺杆儿爬"等，四音节的复合韵律词即产生了成语和四字格，如"黑不溜秋""傻不拉几""百花齐放""七上八下"等。需要注意的是，现代汉语中的新造词几乎很少有单音节词，无论是叠音式单纯词（如"猩猩"），还是复合式（如"电脑"）和附加式（"石头"）的合成词，至少都是双音节，这不能不说是音步和韵律词的作用使然。

第二节 韵律词法的作用机制
——自然音步和最小词

1. 自然音步

第一章我们介绍了什么是音步，这一节我们谈谈什么是自然音步（natural foot/default foot）。所谓自然音步，指某一个别语言中不受语法、语义影响的纯韵律层面的音步。

我们可以通过观察汉语的音译外来词和单音节并列结构，归纳出汉语自然音步的基本规则，如下所示（参冯胜利 1998）：

（1）两个音节组成一个独立音步，如"巴西""古巴"；

（2）三个音节也可以组成一个音步，因为 1+2 和 2+1 都不能说，比如"墨西哥""数理化"；

（3）四字串必须分为 2+2 格式，因为 1+3 和 3+1 都不可说，比如"斯里兰卡""笔墨纸砚"；

（4）五字串只能组成 2+3 形式，3+2 的节律不能说，比如"阿尔巴尼亚""金银铜铁锡"；

（5）六字串除了 2+2+2 的节律之外，不允许其他读法（像"盎格鲁撒克逊""安娜卡列尼娜"这种两词分译的除外），比如"捷克/斯洛/伐克"；

（6）七字串的节律只能是 2+2+3，没有其他读法，比如"布宜/诺斯/艾利斯""柴米/油盐/酱醋茶"。

其他如描写雨声的"滴滴答答"、火车声音的"轰隆轰隆"、下雹子的声音"乓乓乓乓"以及下雨的"哗啦啦"、铃铛的"叮叮当"都一样，不是1+1就是2+1或1+2。

根据以上这些反映现象的基本规则，冯胜利（1998）进一步推导出了自然音步的派生规则：（1）单音节不成独立音步；（2）自然音步的实现方向从左到右，即右向音步；（3）自然音步的音节数目"小不低于二大不过于三"；（4）奇数字串最多只允许一个三音节音步。

汉语自然音步的上述特征与汉语构词法密切相关，比如自然音步以双音节为标准形式，导致汉语的原始复合词都是双音节词；又比如三音节名词复合词中2+1格式多于1+2，正是自然音步内在属性的体现；再比如三音节形式在词法和句法两个层面的音步模式不同，同样是自然音步和非自然音步作用的不同结果等等，这些问题我们将在本章第二节详细讨论。

与此同时，汉语自然音步的特征在中国古代诗歌中体现得尤为明显。具体来说，就是诗律的"正格"（正常规格）建立在自然音步的基础上，因此，五言诗的节律模式是2+3而不是3+2，七言诗的模式是4+3而非3+4；反过来说，因为3+4的七言诗句是违背自然音步的，古人称之为"折句诗"，如"为他人做嫁衣裳"。又如赵元任举过的"忽闻得喧声四起"，按照诗律应为"忽闻四处喧声起"。这种自然音步对诗歌节律的影响反映在了现代汉语的一些标语口号中，如"热爱人民热爱党"不说"热爱党热爱人民"，"人民总理人民爱"不说"人民爱人民总理"，这些都是自然音步的作用。

2. 最小词

语言是一种层级装置，该系统中的每个单位都有最小形式。根据McCarthy & Prince（1986），在韵律层级中，韵律词由音步组合而成，因此最小韵律词（简称"最小词"）就等于任何一个合法的音步，即$\min(Wd)=[F]_{wd}$。然而音步又必须遵循双分支原则，即一个音步至少由双音节或双韵素构成。因此，综合韵律层级和音步双分支两个要求，我们可以推出，最小韵律词由双音节或双韵素构成。

对汉语来说，韵素数量的多少不影响音节的轻重，比如"la"和"lai"这两个音节，前者包含一个韵素而后者包含两个韵素，但我们并不觉得 lai 就比 la 重。换句话说，汉语的音步不是由韵素直接组合而成，而是由音节组合而成。因此，汉语的最小词就是双音节音步。

最小词在很多语言的构词特别是重叠中发挥着重要的作用，具体现象如下所示（斜体为重叠部分）：

（1）澳大利亚土著语 Diyari（Austin1981，转引自 McCarthy & Prince1986：24）

序号	原形	重叠形式	原形语义
1	wiḻa	*wiḻa*-wiḻa	女人
2	kanku	*kanku*-kanku	男孩
3	kuḷkuŋa	*kuḷku*-kuḷkuŋa	跳
4	tʲilparku	*tʲilpa*-tʲilparku	鸟类
5	ŋankan̪t̪i	*ŋanka*-ŋankan̪t̪i	鲶鱼

显然，Diyari 要求重叠形式必须是双音节，而且是 CV(C)CV 形式，这与该语言的最小音系词要求完全一致。因此，我们可以说，该语言的最小词是由双音节构成的重轻式音步。

（2）澳大利亚语言 Lardil（Wilkinson1986，转引自 McCarthy & Prince1986：26）

序号	底层形式	非屈折形式	宾格形式	语义
a	/peer/	peer	peerin	钛树
	/maan/	maan	maanin	矛

				续表
b	/parŋa/	parŋa	parŋan	石头
	/kela/	kela	kelan	海滩
c	/wik/	wika	wikin	影子
	/wun/	wunta	wunin	下雨

因为 Lardil 中只有元音才算韵素,所以最小词包含双韵素(一个音步)。如上所示,a 中两例是单音节、双韵素,b 中两例是双音节、双韵素,都满足该语言的最小词,所以没有增音现象;但 c 中两例的底层形式都是单音节、单韵素(辅音不算韵素),所以它们的非屈折形式都增加了一个无意义的元音 a,以便满足该语言最小词(双韵素)的要求。

(3)澳大利亚语言 Yidiɲ(Dixon1977,转引自 McCarthy & Prince1986:27)

序号	原形	重叠形式	原形语义
1	mulari	*mula*mulari	发起人
2	kintalpa	*kintal*kintalpa	蜥蜴类
3	kalamparaa	*kala*kalamparra	毛蚊

Yidiɲ 的音步由双音节构成,其重叠形式正是一个双音节音步。

(4)印尼语言 Makassarese(Aronoff 1985,转引自 McCarthy & Prince1986:29)

音节数	原形	重叠形式	原形语义
双音词	ballak	ballak–ballak	房子
	golla	golla–golla	糖
	tau	tau–tau	人
	tauŋ	tauŋ–tauŋ	年

			续表
多音词	kaluarak	kaluk–kaluarak	蚂蚁
	manara	manak–manara	塔
	balao	balak–balao	老鼠
	baine	baik–baine	女人

显然，无论双音词还是多音词，Makassarese 要求重叠部分必须是双音节（两个相邻的元音分属不同音节），换句话说，该语言的最小词即双音节音步。

（5）巴布亚新几内亚语言 Manam（Lichtenberk 1983，转引自 McCarthy & Prince 1986：31）

序号	原形	重叠形式	原形语义
1	salaga	salaga*laga*	长的
2	moita	moita*ita*	刀
3	ʔarai	ʔarai*rai*	姜类
4	laʔo	laʔo*laʔo*	去
5	malaboŋ	malabom*boŋ*	狐蝠
6	ʔulan	ʔulan*laŋ*	欲望

不难看到，Manam 重叠的部分正是原形中从右向左的第一个双韵素音步，而与音节数目无关。

就上述现象而言，最小词在人类语言中扮演着非常重要的作用，它让我们从韵律单位（如音步）的角度找到了一些语言重叠构词的内在规律，并就线性观察无法解释的复杂构词现象给予了统一的解释。

第三节　韵律对词法的作用
——韵律构词和韵律形态

1. 韵律构词

1.1 韵律与复合构词

　　由于汉语中词根语素多、词缀语素极少，古今汉语又经历了双音化，所以现代汉语构词法以词根复合为主。而如上所述，汉语存在音节和语素基本对应的特点，因此，语素复合就相当于音节的组合，结果就是原始复合词（冯胜利1996）都是双音节，这里的"原始复合词"，也就是最初的、最基本的复合词。

　　从韵律的角度来看，我们已经知道，韵律词由音步组合而成，最小韵律词就是一个合法的音步，汉语的音步由音节而非韵素组合而成，标准音步是双音节，而音节又与语素存在对应关系，因此，韵律层面的音节的组合同时也就是构词层面的语素的组合，组合的结果是音步，也是复合词，换言之，音步的实现和复合词的实现"合二为一"，这也就造成了汉语最小韵律词和复合词的"同形"。二者虽然形式相同，但它们的关系并非完全平等、一一对应，而是存在主次、从属的关系，因为韵律词不必是一个复合词，但原始复合词必须是一个韵律词。换言之，不合乎韵律的要求就不能构成基础复合词。

　　关于这点，冯胜利（1996）给出了三条证据：首先，主谓式、动宾式都可以构成复合词，如"地震""操心"，但主谓宾式很少能够复合成词[1]，这在语法上无法解释，韵律上却很容易回答，因为

---

[1] 诸如菜名中的"蚂蚁上树""番茄炒蛋"等都属于短语固化成词，而不是复合构词的结果。

主谓宾式无法构成一个最小韵律词。其次，动宾式、动补式复合词都极具能产性，但双音节动词加单音节宾语、双音节动词加单音节补语却很难成词，如"缺德""提高"没问题，"*缺少德""*提拔高"却不能说；与此同时，汉语中也没有单音节动词加双音节宾语、单音节动词加双音节补语构成的复合词，如"垫肩""放松"都是合法的复合词，"*垫肩膀""*放宽松"却要么不能说，要么只能当短语而非复合词，这些不合法的复合词都是通过韵律规则排除的。第三，成语、俗语、谚语乃至歇后语，之所以都不叫复合词、不像词而归为固定短语，一方面跟它们的来源有关系（短语固化），更重要的是它们都大于一个最小韵律词，不属于韵律构词中"词"的范畴。可见，怎样产生合乎语法的复合词，还要取决于韵律词。

除了上述三点，并列式复合词亦是如此。理论上说，并列式对于并列项的数目不应该有限定，因此，两项、三项甚至多项并列都应该没问题，然而汉语原始复合词中的并列式几乎都是两项并列，三项或多项并列的要么就是自由短语，要么就是固定短语，如"动静""国家"是复合词，而"天地人""你我他""高大上""耳鼻喉"都不可能是复合词。不仅并列的项目受到限制，并列项的音节数目同样遵循着内在规律，即只有两个单音节形式可以并列构成复合词，单音和双音、双音和双音的组合要么不成词，要么不合法，如上所举的"动静"合法，"*运动静""*动静止"都不合法，而"运动静止"最多只能算是自由短语。实际上，并列式复合词受到的两种制约恰好就是汉语韵律系统中的两条基本规则：两项并列是音步双分支的要求，单音节并列是汉语双音节音步（最小词）的体现。可见，汉语的基础复合词为韵律规则所控制。

当然，汉语中韵律对构词和构语有着不同的制约方式。冯胜利（1997、1998）的基本结论是：汉语构词层面必须遵循自然音步的实现规则；而短语层面的音步实现不受方向限制，属于非自然音步，即受句法、语义制约的音步模式。这种特点的最明显的例证就是汉语的三音节动宾式，如果是按照自然音步从左向右组构的 2+1 式，结果就是词，如"复印件""出租车"；而如果是按照非自然音步和句法结构实现的 1+2 式，结果就是短语，如"印文件""租汽车"；更有趣的是，倘若是音步方向两可的 2+2 式，就会出现音步类型、语法结构、语义解读的两可性，如"复印文件""出租汽车"。反过来说，按照非自然音步组合的形式就不成词或不合法，如"汉语大词典""文化大革命"都是复合词，倘若说成"大汉语词典""大文化革命"就十分别扭。正因如此，冯胜利（1997）将这种规律概括为"右向构词、左向构语"。

1.2 韵律与派生构词

与复合构词不同的是，韵律对汉语派生构词没有严格的限制，只有一部分基础派生词表现出双音节的韵律倾向。

对韵律最为敏感的派生词是前缀式派生词。比如我们说"初一""初十"都没问题，但不说"*初十一""*初二十六"；人名"陈少华""李国强"的昵称或小名可以叫"阿华""阿强"，却不能叫"*阿少华""*阿国强"，有"阿哥""阿姐"却没有"*阿嫂子""*阿姐夫"；有"老虎""老师""老外""老爸"，却没有"*老熊猫""*老师长""*老外国""*老爸爸"[1]。显然，这些派生词都遵循共同的韵律规则，即基础派生词必须是一个最小韵律词，也就是一个标准音步——双音节。此外，现代汉语中一般把"第"也看作前缀，但它和数词的组合不受韵律限制，比如可以说"第五"，也可以说"第二十五"。我们认为，序数词中的"第"与"门第"中的"第"一样，仍表"次序"，属于词根语素，不是严格意义上的词缀，因此不属于派生构词。

相比之下，后缀式基础派生词只能说大多数是最小韵律词，但不排除有超过双音节或不足双音节的。汉语中以"子""头"为后缀的基础派生词多为双音节，比如"锤子""椅子""木头""石头"

---

[1] 这里的"老"均为词汇意义虚化的前缀，而非表达"年长"或"一直"的词根语素。

等。除此之外，也有很多以"子""头"结尾的三音节词，但需要特别注意的是，这些三音节词并非都是三音节的派生词，大多数其内部结构都是一个单音节词根语素再加上一个双音节派生词，如"小伙子"是[小+伙子]、"嘴皮子"是[嘴+皮子]，实际上这些词都是三音节的复合词，即词根语素和派生词的再度复合。只有少数像"老头子""脑门子"这样的三音节词，从词义角度来说，今天无法解析为[老+头子]、[脑+门子]，但汉语中又的确存在"头子""门子"，因此笔者认为绝大多数带"子"的三音节词都不是由双音节加"子"构成的派生词，而是上面提到的单音节语素和双音节派生词构成的复杂复合词（不是基础复合词）。以"头"结尾的三音节词大概分为几种情况：（一）"头"不是词缀，而是词根语素，意思是"脑袋""事物顶部""某一类人"等，比如"癞痢头""水龙头""核弹头""莲蓬头""孩子头""二婚头""马锅头"等，因此这些词都是复杂复合词（不是基础复合词）；（二）方言词，如"老鸡头""刺儿头"，"老鸡头"又叫"鸡头"（意思是芡），所以内部结构是[老+鸡头]；"刺儿头"又叫"刺头"，所以可以看作是"刺头"中"刺"的儿化；（三）缩略语，如"天地头"是"天头"和"地头"的缩略形式，而不是"天地"加后缀"头"构成的派生词。总而言之，"子"缀派生词和"头"缀派生词基本遵循最小韵律词的限制。与"子""头"不同的是，汉语"儿"缀类派生词大多小于最小韵律词，因为现代汉语中的后缀"儿"已经不是一个独立的音节，而是一个儿化韵。如果按照前面所说的，汉语的标准韵律词实现为一个标准音步，即双音节音步的话，那么大量的"儿"缀派生词就是单音节形式，如"花儿""鸟儿""本儿"等等。这涉及"儿"本身的来源和演变问题，这里不作过多的讨论。

除了前缀、后缀之外，现代汉语中还出现了很多类词缀，如"副主任"中的"副"，"非官方"中的"非"，"我们"中的"们"，"科学性"中的"性"，"理想化"中的"化"等，类词缀的构词过程不受韵律限制。

2. 韵律形态

众所周知，汉语缺乏严格意义上的形态。但近十年来汉语韵律构词学和韵律句法学的研究发现，汉语的确缺乏像印欧语那样的屈折形态，但汉语有着自身特殊的形态标记——韵律形态。这一观点由冯胜利（2007）首次提出，冯胜利（2009a, b）、王丽娟（2009）对此进行了共时和历时的较为详细的阐述，之后沈家煊（2012）也有所提及。

具体来说，屈折语通过添加派生词缀改变原词的词汇意义或词类范畴、通过添加屈折词缀表达语法意义。以英语为例，act 可以添加派生后缀 -ion 构成新词 action，从而实现词性的转变；也可以添加屈折后缀 -ing 构成动名词（gerund）acting，由陈述意义转为指称意义。

同理，汉语中既可以通过调节声调改变原词的词汇意义或语法范畴。比如我们熟悉的"四声别义"现象，普通话中的"铺"读阴平调（调值55）为动词、词义为"把东西散开放置"，读去声调（调值51）为名词，词义为"商店、床、驿站"，这属于利用音高手段构词，换句话说，其词形变化（形态）的本质是音高变化。又比如"煎饼"，调值读55+214时为动宾结构的短语，两字之间可有短暂间歇，后字"饼"读轻声、后字音长相对缩短而前字音长相对加长时，"煎饼"为名词，可见，音强和音长也可以作为构词的手段，词形变化（即形态）实现为音强和音长而非音色的改变。再比如，"编"和"编写"都是及物动词，可以说"编教材""编写教材"，但我们只能说"教材的编写"，却不能说"*教材的编"，因此汉语的单双音节本身也具有区别词的语法属性的作用，这也是词形变化（即形态）在音长上的表现。由此可见，区别于屈折语言的利用音段成分构词或构形，汉语可以利用音高、音强、音长等超音段成分构词或构形。换句话说，韵律就是汉语的形态手段。从类型学视角来看，人类语言中至少存在音段形态和超音段形态两种类型，就我们目前的观察而言，现代汉语属于后者。

下面我们将分别介绍韵律在汉语动词名物化、名词抽象化以及词形重叠中的功能。

2.1 韵律与名物化形态

关于汉语的名物化问题，学界的讨论非常多，大家的关注焦点集中在"主、宾语位置上的动词是否发生名物化或转变为名词"这一问题上。然而从当代形式句法学的视角来看，"主宾语位置"的表述本身过于宽泛，因为从词到短语、甚至是小句都可以出现在"主宾语位置"上。因此，讨论词的语法属性，必须立足具体的句法结构，通过该结构中不同句法位置上的不同句法表现去推论其句法属性。我们这里就以 [N 的 V] 结构为例，看看"V"的韵律表现和它在该结构中的语法属性之间的关联。

就韵律方面，大家的认识基本是一致的。比如陈宁萍（1987）、詹卫东（1998a, b）、王冬梅（2002）、王丽娟（2014）等对此均有探讨，通过语料核查发现，能够进入 [N 的 V] 结构的几乎都是动词的双音形式或复杂形式，单音形式只有少数几例，比如"爱/哭/死/笑/骂/吻"等等。然而当我们把这几个单音动词放入该结构中就会发现，这些动词与前面名词的语义关系全部都是"施事"（agent）或者"主事"（theme），而"受事"关系的 [N 的 V] 结构绝不接受单音形式，如冯胜利（2007）首次提出"韵律形态"时所举的例子——"教材的编写"和"*教材的编"之间的对立。因此，王丽娟（2014）明确区分了 [N 的 V] 结构的两种类型：[$N_{施}$的 V] 和 [$N_{受}$的 V]，前者中名词的论旨角色（theta roles）为施事和主事，后者的名词为受事。区分了这两种类型再来看动词的韵律表现，就一目了然了。[$N_{施}$的 V] 中的 V 可单可双，而 [$N_{受}$的 V] 中的 V 只双不单，例如：

（6）他的哭泣　　父母的关爱　　病人的死亡　　孩子的微笑
　　　他的哭　　　父母的爱　　　病人的死　　　孩子的笑
（7）图书的出版　　教材的编写　　电脑的修理　　三中全会的召开
　*图书的出　　*教材的编　　*电脑的修　　*三中全会的开

问题就随之而来：为什么两类［N的V］结构中V的韵律表现不同？两类结构有什么区别？为什么［N受的V］结构只接受双音节动词？动词的韵律形式与该结构的合法性之间有何关系？要回答这些问题，我们还得从句法层面考虑。

不难发现，［N施的V］中"的"省略后，整个结构变为主谓关系的谓词性结构，其句法分布会受到影响；相反，［N受的V］中的"的"省略与否既不影响其内部结构关系，也不影响整个结构的句法表现。例如：

（8a）　她的哭在这个小区里无人能及。
（8b）*她哭在这个小区里无人能及。

（9a）　图书的出版是一件严肃的事情。
（9b）　图书出版是一件严肃的事情。

除此之外，［N施的V］中的V还可以替换为A（形容词），而［N受的V］不存在这种情况。如下所示：

（10a）她要他，就得装糊涂，就得容忍他的坏。
（10b）拜伦跛腿走完不同寻常的人生之路，没有谁不承认他的伟大。
（10c）印象最深的就是他的瘦。

更重要的是，[N_施的V]中的"的"在口语中可以替换为代词"这/那"，而[N_受的V]不可。例如：

（11a）　你的走，到现在也不能被我所接受。
（11b）　你这走，到现在也不能被我所接受。

（12a）　本次评奖活动旨在推动比较文学的研究及其图书的出版。
（12b）*本次评奖活动旨在推动比较文学的研究以及图书那出版。

这种句法对立表明两种结构本质不同，[N_施的V]是以"的"为核心词的DP，所以该结构既接受V也接受N；而[N_受的V]是以动名词为核心词的GP（Gerundial Phrase），只有动词的双音形式才能获得动名词资格。可见，双音节模板是标记动名词的一种韵律形态手段，这就像英语中动词需要添加后缀-ing才能变为动名词一样，只不过汉语是通过韵律（双音模板）这种超音段的方式，而英语是采用词缀这种音段的方法。从这个角度来看，我们可以说汉语具有韵律形态（超音段形态）、英语具有词缀形态（音段形态），二者是形态类型的不同。

2.2　韵律与重叠形态

重叠是汉语中较为显著但却并不普遍的一种形态变化。刘丹青（1993）指出，汉语量词、动词、形容词的重叠方式多种多样，但大多类型都受到节律的制约。

先看量词。我们都知道，汉语量词重叠后表达量的增多。比如"个"重叠为"个个"，意思是"每一个"；"条"重叠为"条条"，"指每一条"。然而，双音节量词不能重叠，例如：

（13a） 买了几箱书，箱箱都很重。
（13b）*买了几箱书，箱子箱子都很重。

（14a） 婴儿周周都有变化。
（14b）*婴儿礼拜礼拜都有变化。

动词完全重叠的典型形式不受音节限制，单音节、双音节都可以，比如"看看""观看观看"。但是对于"A一A"来说，韵律的限制就非常严格。例如：

（15） 说一说　　　逛一逛　　　调一调
（16）*讨论一讨论　*溜达一溜达　*调整一调整

形容词与动词的情况类似，完全重叠形式不受韵律限制，比如"高高的""安安静静的"。但不完全重叠的"A里AB式"只接受双音节形容词，单音节形容词不可。例如：

（17） 傻里傻气　　　糊里糊涂　　　土里土气
（18）*傻里傻　　　*糊里糊　　　*土里土

综合上述量词、动词、形容词重叠的现象可以看出，（13—14）中的量词重叠形式必须是一个双音节标准音步（标准韵律词），（15—16）中的动词重叠形式也要求是一个韵律词（"A一A"中的"一"轻读），（17—18）中的形容词重叠形式要求是一个四音节的复合韵律词。这样看来，韵律对汉语上述三类重叠式的制约主要是通过韵律词来实现的。与其说重叠本身是一种形态变化，不如说重叠是实现韵律要求的一种手段，韵律（这里指"韵律词"）本身才是一种形态标记。

本章小结

本章介绍韵律词法,主要包括:(1)韵律与词法的界面单位——音步和韵律词;(2)韵律制约词法的机制——自然音步和最小词;(3)韵律对词法的作用——韵律构词和韵律形态。在这一章中,读者应该掌握的重点是:如何证明汉语的自然音步,汉语的最小词如何制约构词,韵律制约构词的结果是什么,为什么说汉语中存在韵律形态,韵律形态与传统语言学的形态有何关系。

【思考题】

1. 韵律构词和语法构词有什么不同?
2. 什么是自然音步?什么是汉语的自然音步?
3. 自然音步的组向和词、语的组合有什么关系?
4. 什么是最小词?举例说明最小词在某一语言构词中的作用。
5. 韵律与汉语的构词有什么关系?
6. 如何推导"汉语的复合词必须首先是一个韵律词"?
7. 汉语中有一些诸如"阿姨""阿伯""老鼠""老外"这样的附加式合成词,然而却没有与此类似的"阿舅妈""老松鼠""老外国",如何解释?
8. 什么是韵律形态?举例说明。

第四章　韵律与句法

韵律对语义的影响大家早已熟知。很简单，人们可以通过调节韵律特征来改变要强调的语义信息。比如"韵律可以影响句法"这句话，重音在"韵律"上，意思就是"是韵律，而不是语义影响句法"；如果重音在"可以"上，那就是强调说话人对"韵律不能影响句法"这一观点的否定；重音在"影响"上，意思就是"韵律只是可以影响句法，而不是替代句法"；重音在"句法"上，意思就是"韵律影响的是句法，而不是语用等别的层面"。

韵律句法学研究的是韵律影响和制约句法的现象和理论。

早期大多数学者认为句法与语音无关，是一个独立于语音的体系，甚至提出"phonology-free syntax"句法无关语音的主张，这种观点以 Zwicky and Pullum（1986）为代表。直到 20 世纪 90 年代 Zec & Inkelas（1990）才提出韵律对句法（句子结构）的影响。之后，Feng（1991、1995）通过古今汉语的韵律句法现象，构建了韵律句法学的基本理论框架。这是一门涉及语音学、音系学（尤其是节律音系学和韵律音系学）和句法学的跨学科的新领域。下面，我们将从（1）句法的含义及特点、（2）韵律句法的界面单位、（3）韵律句法的机制、（4）韵律对句法的作用四个方面来谈韵律和句法的关系。

第一节　句法的含义及特点

1. 什么是句法

所谓句法，简单地说就是句子的内部组织规则。因此，研究句子内部组织规则的学科就是句法学，它与研究词的内部组织规则的词法学相对。在生成语言学背景下，句法学又叫形式句法学（formal syntax），其基本的操作假设有两个：一是组合（merge），即以词为最小单位组合构成短语的规则；二是移位（movement），即句中某些词或短语在句法、语义甚至语音动因的要求下，遵循某种限定条件，从句中的一个位置移到另一个位置。韵律句法学讨论的句法问题都基于这一理论前提，所以以下面讨论的句法都是以形式句法学的理论为前提。本章的目的是讨论韵律对句法的影响和制约，所以有关专门讨论句法的问题，读者可以参考其他学者的论著，如石定栩（2002）《乔姆斯基的形式句法——历史进程与最新理论》，徐烈炯（2009）《生成语法理论：标准理论到最简方案》，邓思颖（2010）《形式汉语句法学》，何元建（2011）《现代汉语生成语法》，黄正德、李艳惠、李亚非（2013）《汉语句法学》等，这里不作具体介绍。

2. 汉语的句法特点

形式句法学研究的虽然是人类语言结构的普适原理（universal grammar），但是也离不开具体语言的不同参数。汉语的参数是什么？关于汉语的句法特点，早期的结构主义语言学和其后的生成语言学都有过详细而明确的总结。本书只选取几个主要特点列举如下，作为研究韵律句法时的参考。

（1）如何确定名词？与名词相关的功能性词类是确定某一形式是否是名词的重要鉴定手段。不同语言的名词功能词是不一样的：汉语中没有冠词（如英语的 a 或 the），但有名量词。在现代汉语非正式语体中，数词必须先与量词组合成数量短语才能修饰名词。如"一把尺子"中的"把"，"两本书"中的"本"，"几句话"中的"句"等等。

（2）如何确定动词？与动词相关的功能性词类是确定某一形式是否是动词的重要鉴定手段。动词的功能标志也不是每种语言都一样的，汉语的动词没有时态（如英文的过去式），但有动态助词，用以标记动作进行的阶段（如曾经历、已完成、正进行），如"去过故宫"中的"过"，"收拾了房间"中的"了"，"听着音乐"中的"着"。不仅体态助词，汉语还有动量词，与数词组合成数量短语，表示动作的频率，如"去过几次"中的"次"，"修理了一回"中的"回"。

（3）就汉语而言，它有标记短语的功能形式，如标记主从结构内部类型的结构助词"的"是用来标记名词性的定中结构，"地"标记动词性状中结构，"得"标记动词性中补结构，如"语法的结构""深入地分析""听得清楚"。

（4）汉语有语气词，一般放在句末，用以标记与说话人态度有关的句子类型。如陈述句的句末语气词有"嘛""了""吧""呀"等，疑问句有"吗""呢""啊"等，祈使句有"吧""呀"等，感叹句有"啊""呀"等。

第二节 韵律句法的界面单位

我们知道，狭义语法包含词法和句法，如果按照语法单位的层级结构来说，词法里面的单位是词和词之下的语素单位，而句法单位是词和词之上的短语单位。从界面的角度来看，词是词法和句法的界面单位，因为它是最大的词法单位、最小的句法单位（界面不是组合关系）。比如在词法层面，语素"词"和语素"语"组合成"词语"这个词，这是词法里的最大单位；而对于句法层面来说，"词语"可以和其他词组合构成短语"词语丰富""什么词语""词语的变化""这些词语我没听说过"等等，可见，"词语"又是能够用来构成上级句法单位（短语、句子）的最小单位。同理，韵律句法的界面单位也与韵律词法的界面单位有所区别。如前所述，韵律词法的界面单位包括音步、韵律词、韵律黏附组；韵律句法的界面单位包括韵律黏附组（prosodic clitic group）、韵律短语（prosodic phrase）。下面，我们就分别讨论一下这两个单位的内涵及其在汉语中的表现。为便于理解，我们把前面介绍的韵律层级重述于下：

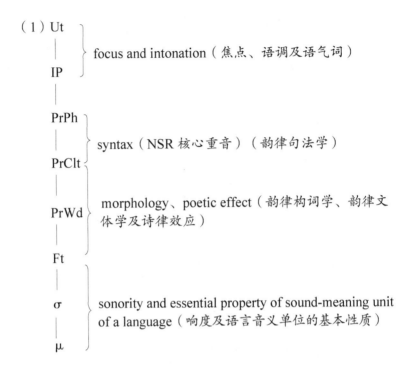

上面图中涉及概念，下面一一加以说明。

1. 韵律黏附组

要了解什么是韵律黏附组，先要清楚什么是黏附词（clitic）。

根据 Benjamins（1994），黏附词是一个总括性术语，而不是语法体系中的一种普遍范畴。换句话说，它是为了涵盖一些具有多种混合属性的成分而给的名称，不是理论构建中的术语。这就好比汉语中的"离合词"，是为了概括那些既具有词的属性（所谓"合"）、又具有短语属性（所谓"离"）的成分，它不是语言体系中具有普遍意义的语法单位，与我们常说的语素、词、短语不在一个层面上。

黏附词是语言中又像词、又像词缀的成分的总称。"像词"是因为它们能作为一个独立的句法成分、可以充当核心词、论元、修饰语等;"像词缀"是指它们语音上不能独立、总是依附在相邻的词上。换句话说,黏附词就是能够在词法和句法中发挥作用但语音上黏着的一些语言成分。我们来看几个实例:

例如菲律宾的他加禄语(Tagalog)中,有些成分只能出现在句中第一个词之后,譬如:

(2) Hindi ko siya nakita ngayon.
　　 I haven't seen him / her today.

第一人称代词单数施事标记 ko("I")和第三人称代词单数话题标记 siya("him / her")组成一串字符,必须出现在句中首词 hindi("not")之后。所以,这里的"ko siya"就是黏附词。

又如英语中,很多助动词依附在前面的词上变为缩写形式,譬如"'s":

(3) Your friend from Chicago's going to arrive soon.

不仅如此,依附在 NP 末尾的属格标记 /z/ 也是如此,例如 your friend from Chicago's 中的 's 也是。此外还有不重读的代词宾格 her、him 和 them,以缩略形式贴附在先行的动词或介词上,只保留一个音节响度,例如 We gave'em to'er 就是 We gave them to her.

再比如法语,韵律上轻读的代名词如"en"必须放在动词前,但如果是一个完整的介词短语如"de ce vin",就会因为它重读而放在直接宾语之后。比如:

(4) Il *en* remplit un verre.
　　 He fills the glass with it.
(5) Il remplit un verre *de ce vin*.
　　 He fills the glass with this wine.

可见，如果从贴附的方向上来看，有些黏附词向前贴附，比如上面提到的 Tagalog 中的"ko siya"、英语中的"'s"；而有些黏附词向后贴附，如法语中的"en"。前者叫作前接型黏附词（enclitic），后者叫作后接型黏附词（proclitic）。

根据上面的韵律层级图可以看出，韵律黏附组（prosodic clitic group）介于韵律词和韵律短语之间，一般认为它是由韵律词和黏附词组合构成的一级单位，这种韵律黏附组整体只有一个重音，而且很多语言中的重音都落在被依附的成分——"宿主"（host）上，黏附词自身不承担重音。比如上面提到的英语中的"he's"，重音在"he"上，"'s"没有重音；再比如汉语中的"了/过/着"都属于黏附词，贴附在前面的动词上构成"来了/听说过/看着"这样的韵律黏附组，同样黏附组的重音也都落在动词上。但也有像法语这样的语言，重音总是位于最后一个音节上，所以处于该位置的黏附词同样可以得到重音，比如"regardez-lé""allez-vous én"等[1]。

上面所说的这些黏附词，大多都有独立的句法位置，但却没有独立的韵律形式。语言中还有一些黏附词是有独立的韵律位置、但却没有独立的句法位置和语义内容的，例如汉语上古时期的"惟命是听"中的"是"，它的出现完全是为了满足韵律要求——双音节标准音步，就整个短语的句法结构和语义结构而言，"惟命是听"="惟命听"。从黏附词的贴附方向来来说，"是"是后接型黏附词，"是听"就属于一个韵律黏附组。

2. 韵律短语

根据上述韵律层级图，由一个或多个韵律词（或韵律黏附组）组合构成的上级韵律单位为韵律短语，有些文献中叫作音系短语（phonological phrase）、主短语（major phrase）或中级语调短语（intermediate intonational phrase）。

---

[1] 详细请参 Vogel（1990：448），转引自李凤杰（2012：39）。

大多学者认为，韵律短语具有短语重音（phrasal stress）和短语边界调（phrasal boundary tone），其界定往往又与语法短语密切相关。以英语为例，"Chief Justice of the Massachusetts Supreme Court"整体为一个语调短语，其中包含两个韵律短语："Chief Justice"和"of the Massachusetts Supreme Court"。

汉语中的韵律短语，王洪君（1999）认为是"有规则性语法结构的、停延和音步的音域展敛可以用规则控制的可能多音步"。这里的"可能多音步"指要么总是多个音步，要么虽然有时是单个音步、但在其他语境中又可以是多个音步。换言之，韵律短语是在音步组合的基础上，再加上更高层的停延和音步的音域展敛变化。比如，像"小雨伞""中华人民共和国""纸张粉碎机""这书""刚走""买雨伞""天气不错"等等[1]。

第三节　韵律句法的作用机制——核心重音

近二十年的研究发现，核心重音（nuclear stress）是韵律制约句法的核心机制，也是韵律结构和句法基础结构彼此互动的基本途径。所谓句法的基础结构，也就是冯胜利（2000、2013）里面所谈的"韵律制约句法"的基本运作。因此讨论汉语的韵律句法，不能不了解汉语的核心重音。

那么什么是核心重音呢？任何语言都有核心重音，但核心重音的指派规则不一样。

Chomsky & Halle（1968）首次提出英语的核心重音原则（Nuclear Stress Rule，简称 NSR），表述如下：

---

[1] 王洪君（1999）指出，在韵律短语内部，还应该区分类词短语和自由短语，比如"小雨伞"和"买雨伞"，二者在内部结构是否凝固、内部的轻重模式、节律层次与句法层次的匹配关系等方面都有着显著的差异，详细请参阅原文。

（6）**Nuclear Stress Rule**（Chomsky & Halle 1968）
Stress is assigned to the rightmost stressable vowel in a major constituent. 重音指派给主要成分最右边的可承重元音之上。

之后，Liberman（1975）提出了相对凸显原则（relative prominence principle），使我们对核心重音的运作有了突破性的全新理解。Liberman & Prince（1977）将 NSR 重新表述如下：

（7）**Nuclear Stress Rule**（Liberman & Prince 1977）
对任意一对姊妹节点 $[N_1 N_2]_P$ 而言，若 P 为短语，则 N_2 相对较重。

Liberman & Prince（1977）认为，核心重音的凸显不是绝对的，而是相对的；不是孤立的凸显，而是在句法结构中的实现凸显。支持这一观点的典型例证如下：

（8）A：半天没看见你，怎么回事？
B：哦，我去超市买了些吃的。

当 A 问"怎么回事"时，B 回答的整句话都是 A 未知的新信息。也就是说，B 的整句话都是重点，而不是句中某一个信息充当重点。然而 B 的回答中重音却落在宾语"吃的"上，这就是核心重音（也叫广域焦点），它是在句中最后一个动宾短语"买了些吃的"中实现的，是宾语"吃的"相对于动词"买"的凸显。

据此，Cinque（1993）又进一步将英语核心重音的句法属性概括为深重原则（depth stress principle）：

（9）**Depth Stress Principle**（深重原则，Cinque 1993）
结构内嵌最深（the most embedded）的成分得到重音。

在韵律与句法的关系研究中，Feng（1995）针对汉语的现象指出"核心重音在树形嫁接语法(tree adjoining grammar,简称TAG)的基干树形上(elementary trees=动词的投射)实现重音的运作机制",具体表述如下:

(10) **NSR in Chinese**(汉语核心重音,Feng 1995:48)
The [s] feature must be assigned to the last element of an elementary tree.
[s]特征必须指派给基干树形结构的最后成分。

Zubizarreta(1998)又将核心重音原则扩展为"基于选择关系的重音原则":

(11) **Selectionally-based NSR**(选择式核心重音,Zubizarreta 1998)
给定两个姊妹节点 C_i 和 C_j,若 C_i 和 C_j 为选择次序(selectionally ordered)关系,则较低的一个更为凸显(the one lower in the selectional ordering is more prominent)。

在 Zubizarreta 的基础上,Feng(2003)将汉语的核心重音具体为"基于管辖关系的重音原则":

(12) **Government-based NSR**(管辖式核心重音,Feng 2003)
给定两个姊妹节点 C_i 和 C_j,若 C_i 和 C_j 为选择次序且彼此管辖(mutually govern),则 C_j 较为凸显。

可见,无论是英语还是汉语,核心重音规则的发展和表述从始至终没有离开句法结构。换句话说,韵律对句法的制约是通过核心重音原则这一机制来运作和实现的。

如果说韵律制约句法的基本机制是核心重音,那么韵律是如何通过核心重音这一机制来对句法产生作用的?这是下一节我们要讨论的话题。

第四节 韵律对句法的作用
——标记、删除与激活

前面说过，Zec & Inkelas（1990）最早提出"韵律控制句法"的观点，并且认为通过韵律和句法互动系统中的过滤模型（filter model），韵律有权利删除那些合乎句法规则但却违背韵律规则的句子。比如，英语中的重型名词短语移位（heavy NP shift）问题，并非所有的名词短语都可以移到间接宾语之后，只有合法的韵律成分才能发生这种移位。例如：

（13）（a） Please forward to Bill the email about a linguistic conference.
　　　（b）* Please forward to Bill it.
　　　（c） Please forward it to Bill.

符合"一定长度"的名词短语 the email about a linguistic conference 可以从 forward 之后移位到句末；而代替该名词短语的代词 it 移位后不可接受，只能直接置于 forward 之后。可见，在不违背 [NP$_1$+V+PP+NP$_2$] 句法结构的前提下，韵律规则对句中某些成分（NP$_2$）具有限定作用，Zec & Inkelas 指出必须是一个语调短语（intonational phrase），反之，不合该韵律条件的（非法）形式就会被（韵律）规则删除。从机制的角度来说，Zec & Inkelas（1990）发现了韵律句法的作用方式之一——"过滤"（或删除）。

此后的二十多年中，虽然语言学界一直有学者从事韵律和句法的界面研究，关注的问题多为韵律短语（或语调短语）与句法结构的匹配。很少有学者专门讨论韵律对句法的制约，系统性地对韵律的制约机制和效应进行研究的更是没有。然而在汉语语言学界，Chen（1987）、Selkirk and Shen（1990）、Lin（1994）、Zhang（1997）、

Shih（1997）、Soh（2001）、Wu（2004）、Li（2012）等学者考察了上海话、福建话和普通话中的连读变调域与底层语法结构的关系，从中揭示了汉语韵律和句法的互动。就整体特点而言，普通话中的连读变调规律不如上海话和福建话那么清晰，因为普通话中的连读变调域和底层句法结构存在错配（mismatch）情况，例如"狗咬小美""哪种酒好"等。因此，Simpson（2014：482）作出了这样的评论："普通话的三声连读变调现象显示，似乎存在一些优先于句法条件的其他限定条件……很可能是因为其他非句法因素之间的复杂互动……"但是究竟是什么因素，作者没有明确说明，这可以作为将来进一步研究的起点。

连读变调反映的是汉语中韵律和句法的双向互动，汉语中还有很多直接反映韵律对句法单向制约作用的现象，Simpson（2014：482）将这些现象归结为韵律的两大功能：（1）韵律对词和短语结构的过滤功能；（2）韵律对历时句法演变的激活功能。而这两种功能（过滤和激活）的实现，都离不开上文所述的"核心重音原则"。

事实上，韵律对句法的作用不止于此。无论从共时角度还是历时角度来看，综合近二十多年学者们的研究成果可以看出，韵律对句法的作用至少可以从韵律标记句法、韵律删除句法、韵律激活句法三个方面来谈。

1. 韵律标记句法

所谓韵律标记句法，是指韵律具有标记某些句法单位的范畴的功能。具体来说，韵律结构（如音步的组构方向）可以标记某一语言形式属于词还是短语，韵律单位的大小也可以标记句法单位的性质。

1.1 音步组向标记词、语范畴

我们在第二章讨论韵律和复合词的关系时提到，汉语的原始复合词必须首先是一个（标准）韵律词，也就是双音节形式，这是典型的韵律制约构词的规律。与此同时，就汉语中词法结构和句法结构基本一致的特点，我们又讨论了汉语中词法和句法结构都有主谓式、述宾式、述补式、联合式、偏正式，可词法中偏偏缺失了句法中极其普遍的主谓宾式。究其原因，不是这个结构本身的问题，而是该结构的（语音）韵律形式违反了韵律词的限制。由此可见，对于三音节（及以上的）形式，究竟是成词还是成短语，与其韵律结构有着密切的关系。

吴为善（1986）讨论汉语三音节的组合规律时就提出"汉语词语搭配的选择性除了语法和语义上的制约外，还有语音组合方式的限制"，并发现了音节数目对词类关系、语音组合对语法结构的影响。例如：

（14）复印文件：印文件（动宾）、复印件（偏正）
　　　测量仪器：测仪器（动宾）、测量仪（偏正）
　　　筹备经费：筹经费（动宾）、筹备费（偏正）
　　　运输箱子：运箱子（动宾）、运输箱（偏正）

Lu & Duanmu（1991、2002）、冯胜利（1997、1998）、王洪君（2001）又分别从重音、音步组向、单双音语法功能分化等角度分析了汉语2+1、1+2音节组合类现象能否成立或归属何种语法结构的原因。然而，只有冯文明确指出，复合词的成立与否与音步的实现有关：

（15）音步实现法[1]
　　　在一个有音形式的句法树形上，从最右边的音节起向左数，直到一个音步的音节数量得到满足为止。

据此我们可以推出，对于包含 X 和 Y 两个单音节语素的短语 XP 来说，X 和 Y 两个音节组合才能构成一个基本音步 $[X\ Y]_{foot}$，这个基本音步才能实现为一个韵律词。根据第二章的介绍，我们已经

---

[1] 引自冯胜利（2009：9）。

知道，复合词是以韵律词为基础发展而来的，所以 [X Y] 才有可能（但未必）是一个复合词。

这是复合词的基本操作过程，那么我们这里讨论的三音节呢？假设短语 XP 包含 X 和 Y 两个语素，那么从逻辑上来说，X 和 Y 的音节组合只有 1+2 和 2+1 两种，分别图示如下：

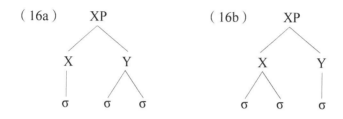

按照上述音步实现法"从右向左"的要求，结果如下：

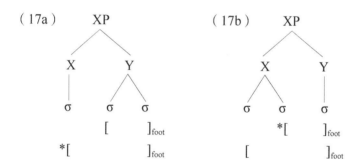

对于 1+2 的三音节形式来说，右起的两个音节组合构成一个音步，该标准音步实现为标准韵律词。一旦后两个音节已然成步，那么剩余的部分便都不予考虑了，因为韵律构词要求音步的实现必须一次完成。换句话说，1+2 式中的左边第一个音节无法参与音步组构，该三音节形式无法构成超音步、无法实现为超韵律词，当然也就无法构成复合词。结果如何呢？冯胜利（2009a：12）提到，如果按这种结构硬造，要么非法、拗口，要么只能构成短语，因为短语中允许音步多次组构。1+2 的非法现象如 "*书商店" "*鞋工厂" "*砖建筑"，1+2 的短语现象如 "读报纸" "嘴强硬"等。

或许有人会问了，难道像"副经理""非官方""书呆子""糖葫芦"这样的 1+2 不也都是词吗？这类例子可以分两种情况来看，前两例中的"副""非"都是类词缀（或准词缀），因此这里的 1+2 属于派生构词，而非复合构词，因此不在我们讨论的范围之内。后两例也有一个共同的特征，即都包含轻声音节"子""芦"，我们知道，包含轻声的双音节不是标准音步而是残音步，残音步与另一个单音节组合构成音步，这属于特殊韵律单位的组构。

而对于 2+1 的三音节形式而言，右起的两个音节无法构成一个音步，因为右起第二音节在此之前已与左边的相邻音节组合成步，可是音步实现法又要求从右向左，因此最后一个音节只能与前两个音节一起构成一个音步，当然这个音步不是标准音步而是超音步，超音步实现为超韵律词，进而构成复合词，例如"电影院""皮鞋厂""计算机"。

鉴于以上两种不同的结果，冯胜利（1997、1998）将其概括为"右向构词、左向造语"，左起右向的音步（2+1 式）属于构词音步，如"复印件""出租车"；而右起左向的音步（1+2 式）属于造语音步，如"印文件""租汽车"。换句话说，构词层面必须遵循自然音步的实现规则，而短语层面的音步实现不受方向限制，属于非自然音步，即受句法、语义制约的音步模式。更有趣的是，倘若是音步方向两可的 2+2 式，就属于无向音步，结果就会导致语法结构、语义解读的两可性，如"复印文件""出租汽车"。

由此可见，汉语的音步组向可以用来区分词和短语，换言之，韵律具有标记句法范畴的功能。

1.2 音步类型标记句法词属性

众所周知，语言中最小的能够独立运用的单位是词，这个"词"一般指词法层面的词（lexical words），或者叫词库里的词（words in the lexicon）。实际上，句法层面也可以生成词，学界称之为"句法词"，冯胜利（2000）、石定栩（2002）将其界定为"由句法运作而生成的词",例如汉语中的"小雨伞""甚好""气哭""放在"等。

庄会彬(2015)谈到,句法层面可以通过附接和并入生成句法词。前者指一个词 Y^0 附接到另一个词 X^0 上,附接之后整体性质仍为 X^0;后者指一个中心语 H^1 并入另一个中心语 H^2。这种句法运作图示如下[1]:

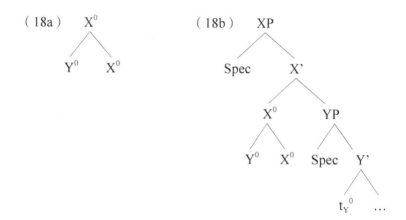

根据庄会彬(2015)的研究,通过(18a)的操作可以得到如"黄玫瑰""快走""极佳""彩蝶"等句法词,通过(18b)的操作可以得到像"哭湿""躺在""讲学""收徒"等这样的句法词。

问题在于,这些句法词跟韵律有什么关系呢?冯胜利(2005:131)将二者的关系表述如下:

(19) **Minimal-word Condition (for NSR)** (最小词条件)

只有当句法运作所造成的句法词是最小词的时候,它才可以作为重音指派中的最小成分。

换句话说,我们前面提到的那些句法词,除了符合句法运作的大前提之外,造成的句法词究竟能否"出炉",关键还要经过韵律

---

[1] 转引自庄会彬(2015)。

条件——最小词[1]的核查。所谓最小词，又叫最和谐的韵律词，也就是最和谐的音步。就汉语的音步而言，单音节可以在前后有停顿的情况下构成蜕化音步，包含轻声的双音节可以构成残音步，音足调实的双音节可以构成标准音步，三音节可以构成超音步，四音节可以构成复合音步。那么究竟是哪种音步类型对哪些句法词存在限制呢？下面我们主要讨论冯胜利（2005a，2005b：130）提到的几种现象。

首先，带补语的动宾式句法词必须是一个标准音步。例如：

（20）[收徒] 山神庙　　*[收徒弟] 山神庙
　　　[签约] 外企　　　*[签协约] 外企

其次，带宾语的动补式句法词要么就是一个典型的标准音步，要么就是一个包含残音步在内的标准音步[2]。例如：

（21）[打牢] 基础　　*[打牢固] 基础
　　　[写通] 句子　　*[写通顺] 句子
　　　[说清] 原因　　[说清楚] 原因（"清楚"为残音步）
　　　[查明] 真相　　[弄明白] 真相（"明白"为残音步）

第三，受修饰语修饰的定中式句法词必须是一个标准音步。例如：

（22）白 [大褂]　　*白 [大盘子]
　　　黑 [小辫]　　*黑 [小雨伞]

第四，受修饰语修饰的状中式句法词必须是一个标准音步。例如：

（23）非常 [可疑]　　*非常 [可怀疑]
　　　极其 [可恶]　　*极其 [可厌恶]

1　关于最小词的专门研究，请参考洪爽（2015）。
2　关于残音步如何与单音节组合构成标准音步，请参考王丽娟（2014）。

第五，离合词必须是一个标准音步，蜕化音步不能离，超音步不能合。例如：

（24）经常 [见面]　　见过几次面　　*经常 [碰见面]
　　　[有害] 身体　　还有什么害　　*[有伤害] 身体

第六，书面语体中的嵌偶词必须出现在标准音步模块中。例如：

（25）[本校] 学生　*[本学校] 学生　*[我们校] 学生
　　　[遍访] 名医　*[遍拜访] 名医　*[普遍访] 名医

第七，书面语体中的合偶词必须是标准音步，且必须至少与标准音步组合。例如：

（26）[并肩] 战斗　*[并肩膀] 战斗　*[并肩] 打
　　　[汇报] 工作　*[汇总报] 工作　*[汇报] 事

由上可见，上述句法词的构成都受到音步类型的限制。需要注意的是，并非所有的句法词都受韵律的限制，但是但凡受到韵律限制的这些句法词都有特定的句法功能，比如动宾式、动补式句法词是否可以再带补述语，定中式、状中式句法词是否可以受修饰语修饰，嵌偶词、合偶词是否可以合法出现。因此，我们可以说，音步类型标记句法词的某种属性，符合音步要求的句法词具备某种句法属性，反之则不具备。

那么，为什么具有上述种种句法属性的句法词必须满足某种音步类型的要求？这就涉及韵律对句法的另一作用，也就是韵律具有删除某些句法结构（或句法形式）的功能。

2. 韵律删除句法

所谓韵律删除句法，指的是语言中的一些结构或形式符合其句法规则而违背韵律规则，这些结构或形式会被韵律规则删除。换句话说，合句法而不合韵律的结构或形式都不能被接受，因此我们说韵律具有删除某些句法结构或形式的功能。

在早期西方学者普遍认为"句法无关语音"（phonology-free syntax）的背景下，Zec & Inkelas（1990）最早提出韵律和句法的互动是双向的，也就是说，不仅仅是句法对韵律有影响，韵律对句法同样具有反作用。文章分别从词汇成分和句法成分两个方面论证了韵律对句法的影响，我们先以词汇性成分为例，看看该语言中的词序是如何受韵律条件制约的。

这里的词汇性成分指的是塞尔维亚-克罗地亚语（Serbo-Croatian）中的次位附缀（second position clitics）。所谓"次位"就是位于句中第一个词或第一个句法成分之后。例如[1]：

（27a）Taj čovek=*joj*=*ga*=*je* poklonio.
　　　 that man=her=it=aux presented
　　　 That man presented her with it.

（27b）Taj=*joj*=*ga*=*je* čovek poklonio.
　　　 that=her=it=aux man presented
　　　 That man presented her with it.

可见，该语言中附缀的句法分布具有位置的要求。可是如果首词是功能词，附缀就只能位于第二个词（实词）之后。因为只有实

1　转引自 Zec & Inkelas（1990：367），下同。例中的"=*斜体字母*"即附缀。

词才能获得高调和重音，才算一个音系词。例如[1]：

(28a) Petar=*je* u kući.
　　　 Petar=aux in house
　　　 Petar is in the house.

(28b) U kući=*je* Petar.
　　　 in house=aux Petar
　　　 Petar is in the house.

(28c) * U=*je* kući Petar.
　　　　 in=aux house Petar
　　　 * Petar is in the house.

更有趣的是，该语言中有两个连词 ali 和 pa，按理说它们是功能词，不能后加附缀，可是当它们携带高调和重音时，便跟实词一样可以带附缀。例如[2]：

(29a) Mi smo zvonili, ali niko=*nam* nije otvorio.
　　　 we aux rang but nobody=us(Dat) neg.aux opened
　　　 We rang but nobody opened that door for us.

(29b) Mi smo zvonili, *ali=*nam* niko nije otvorio.
　　　　　　　　　　　　　|
　　　　　　　　　　　　　H
　　　 we aux rang but=us(Dat) nobody neg.aux opened
　　　 We rang but nobody opened that door for us.

由此可见，单纯的句法条件（如实词和功能词的区别）无法解

---

1 同上。
2 转引自 Zec & Inkelas（1990：368）。

释上述连词的现象,而韵律解释可以给出统一而简洁的解释,即只有承担重音构成音系词才能后加附缀。换句话说,塞尔维亚-克罗地亚语的句法允许第一个词或第一个成分之后加附缀,这是句法规则,可是这条句法规则的实现受到了韵律规则的影响,那就是无论是第一个词还是第一个成分,它必须首先是一个携带重音的音系词。从当代韵律句法学的理论视角来看,这正是韵律对句法的删除功能的体现,即韵律规则删除那些合句法而不合韵律的结构或形式。与此类似的还有豪萨语(Hausa)中的话语小品词 *fa* 的分布,同样受到韵律条件(即"必须位于一个音系短语之后")的制约,这里不再举例说明。

此外,Zec & Inkelas(1990)还通过塞尔维亚-克罗地亚语的话题结构(topic structures)证明,韵律重量(prosodic weight)对其句法结构有着重要的影响。该语言的话题一般位于句首,但并非所有的句法单位都可以充当话题,它必须是一个韵律上的较重成分,也就是一个双分支韵律结构。例如:

(30a) Taj čovek voleo=*je* Mariju.
 that man loved=aux Mary
 That man loved Mary.
(30b) * Petar voleo=*je* Mariju.
 Petar loved=aux Mary
 * Peter loved Mary.

显然,上例中充当话题的成分分别是 Taj čovek(that man)和 Petar,结果却是前者合法后者非法。我们可以说因为前者是一个句法上的分支结构,而后者是个不分支结构,这是句法解释。当然,我们也可以说因为前者是一个韵律上的分支结构,而后者不分支,这是韵律解释。两种解释都可以,因为二者的结构是一致的。可是我们再来看下面的例子[1]:

---

1 转引自 Zec & Inkelas(1990:374)。

（31a） Sa tim čovekom razgovarala=*je* samo Marija.
　　　　with that man talked=aux only Mary
　　　　To that man, only Mary spoke.
（31b）* Sa Petrom razgovarala=*je* samo Marija.
　　　　with Peter talked=aux only Mary
　　　* To Peter, only Mary spoke.

　　这里充当话题的是介词短语。从句法上来说，无论是（31a）中的 Sa tim čovekom（with that man），还是（31b）中的 Sa Petrom（with Peter），二者在句法上都是分支结构，可是结果仍然是前者合法而后者非法。究其原因不难发现，前者在韵律上也是分支结构，而后者的韵律结构不分支，因为我们前面已经提到，介词是功能词，不能独立构成一个韵律单位，只能和后面 NP 中的实词一起组合构成一个音系词。其句法结构和韵律结构分别图示如下：

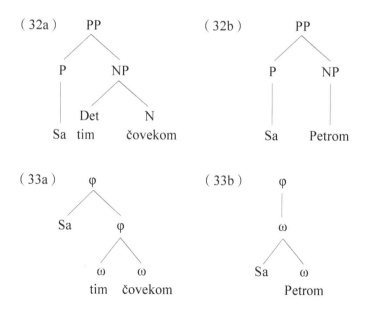

　　可见，句法上的分支结构未必就是韵律上的分支结构，句法规

则和韵律规则是分别发挥作用的。对于上述现象而言，句法分支已经无法解释两个例子的对立，只有韵律分支才是有效的解释。基于这一现象，我们还可以进一步推论，即便句法结构不分支，韵律结构也有可能分支，事实也的确如此[1]：

（34a）Petar Petrović voleo=*je* Mariju.
　　　 Petar Petrović loved=aux Mary
　　　 Peter Petrović loved Mary.
（34b）Sa Petrom Petrović razgovarala=*je* samo Marija.
　　　 with Peter Petrović talked=aux only Mary
　　　 To Peter Petrović, only Mary spoke.

不难看出，我们将之前的专有名词 Petar 改为 Petar Petrović 之后，无论是该名词单独充当话题，还是以介词短语形式充当话题，结果都是合法的。原因何在？显然，我们不能说 Petar 和 Petar Petrović 的句法结构不同，二者唯一的区别是韵律结构，前者不分支，后者分支。由此可见，制约塞尔维亚-克罗地亚语的不是句法规则，而是韵律规则，即充当话题的成分必须是一个韵律分支结构。反过来说，违背韵律上重量要求的句法形式都会被删除，得到的都是非法的话题结构。

如果说豪萨语和塞尔维亚-克罗地亚语让我们开始看到韵律对句法的影响，那么汉语可以说是韵律对句法存在系统性制约的一种语言。下面我们也从词汇形式到句法形式逐一讨论汉语中韵律对句法的删除作用。

与上面所谈的塞尔维亚-克罗地亚语、豪萨语不同的是，汉语的词汇形式体现出了更强的韵律要求。我们知道，词是最小的能够独立运用的语法单位。这种"独立运用"表现为：一些实词可以加上

1　这两例转引自 Zec & Inkelas（1990：374–375）。

句调独立成句，一些实词可以独立充当句法成分，还有一些虚词在句中独立发挥语法作用。然而汉语中有些词并不"独立"。例如[1]：

（35a）甲：他今年多大啦？　乙：*五。/ 五岁。/ 十五。/ 十五岁。
（35b）甲：今天几号？　　　乙：*八。/ 八号。/ 十八。/ 十八号。
（35c）甲：您去哪儿？　　　乙：*通。/ 通州。/ 大兴。/ 大兴区。
（35d）甲：您去哪儿？　　　乙：*美。/ 美国。/ 日本。
（35e）甲：您怎么称呼？　　乙：*叫我宁吧。/ 叫我李宁吧。
　　　　　　　　　　　　　　　　叫我建明吧。/ 叫我李建明吧。

吕叔湘（1963）已经关注到现代汉语的这类现象，指出单音节的使用受限。而这种限制正是韵律上的限制，即进入句法的独立成句的词必须至少是一个韵律词。因此，尽管"五""八"都是数词，"通""美""宁"都是名词，可这些词进入句法结构时除了要符合句法规则之外，还要受到韵律规则的制约。我们可以将这条规则表述如下：

（36）如果一个句子只包含一个词，那么这个词必须是一个韵律词。

这可以看作是韵律对句法结构中的词汇形式的制约，凡是不合一个韵律词的词汇形式都会被该规则删除。

之所以说汉语韵律对句法的删除是系统性的，主要还是表现在对句法结构的制约上。

首先是动宾结构。动词和名词组合构成动宾结构，这是句法规则。与此同时，动词和名词要在语义特征上具有可选择性、可搭配性，这是语义规则。然而，即便满足了这两个层面的要求，有些动宾结

---

[1] 引自冯胜利（2009a：176）。

构仍然不能接受,例如[1]:

(37) 读报　读报纸　*阅读报　阅读报纸
　　　修车　修汽车　*修理车　修理汽车

"*阅读报"和"*修理车"既不违背句法规则也不违背语义规则,但却违背了汉语句子的轻重规则。Lu & Duanmu(1991、2002)认为这里的轻重规则是"辅重原则",即句中的非核心成分应该重于核心成分。冯胜利(1997)则认为是"核心重音原则"的作用,即在一个没有窄域焦点的句子中,句子的普通重音由句中最后一个动词指派给其直接管辖的补述语成分。简单来说,句中的动宾结构应当是一个韵律上的轻重式,这种轻重式在汉语中主要是通过音节数量来表示的。因此上面的1+1、1+2、2+2都可以满足轻重格的要求,唯独2+1违背了这一要求,因此韵律规则将其删除。无论是"辅重原则"还是"核心重音原则",都离不开轻重问题,也就是韵律问题。由此可见,该句法结构的存留取决于韵律。

单纯的动宾结构如此,动宾结构带宾语同样受到韵律规则的制约。例如:

(38) 取笑她　　*开玩笑她　　跟她开玩笑
　　　负责病房　*负责任病房　对病房负责任
　　　有害身体　*有伤害身体　对身体有伤害

如上所示,动宾结构"取笑""负责""有害"可以作为动词性成分再携带宾语。可是同为动宾结构且语义相近的"开玩笑""负责任""有伤害"却不能带宾语。如果是句法问题,可用介词将其宾语提前之后又都可以说。问题何在?不从韵律角度考虑恐怕找不到答案。显然,在句法结构和语义关系一致的前提下,"取笑/负

1　引自冯胜利(2009a:176)。

责/有害"和"开玩笑/负责任/有伤害"的主要差别在于韵律属性，前者都是双音节、标准韵律词，而后者都是三音节、右起左向的韵律短语。因此，前者有资格以句法词的身份携带补述语，而后者则会投射为短语而不是词，自然也就不能再携带补述语。我们可以将这种韵律限制表述如下：

（39）[V N] → [[VN]$_V^0$+NP] / [V N]$_\omega$

规则显示，当 [V N] 整体为一个韵律词时，它可以实现为一个句法词（V^0）而携带补述语 NP。反之，这种携带补述语的能力便被取消。对上述"开玩笑/负责人/有伤害"这些非韵律词形式而言，携带宾语后只能被韵律规则删除。

不仅动宾结构如此，动补结构带宾语也是一样的道理。例如：

（40）摆齐桌子　＊摆整齐桌子　把桌子摆整齐
　　　看透社会　＊看透彻社会　把社会看透彻
　　　改通病句　＊改通顺病句　把病句改通顺

上述韵律词的限定条件同样适用于动补结构。"摆齐/看透/改通"都符合韵律词的要求，因此可以作为一个句法词携带补述语；而"摆整齐/看透彻/改通顺"都超过了韵律词的限制，根据上述规则，这些形式都不能再携带补述语。因此，我们可以将动宾带宾结构、动补带宾结构的韵律规则综合起来概括如下：

（41）[VN/VR] → [[VN/VR]$_V^0$+NP] / [VN/VR]$_\omega$

既然动宾结构和动补结构再带补述语时都受到韵律的影响，那么我们可以推论：动宾带补结构可能也受到韵律的限制。事实怎么样呢？请看下例：

（42）学了这种语言三年　　*学了中文三年　学了三年中文
　　　去了那儿两次　　　　*去了南方两次　去了两次南方

从句法上来说，汉语中存在 [V+NP+FreP/DurP][1] 的结构，"学了这种语言三年""去了那儿两次"都能说，可句法结构完全相同的"*学了中文三年""*去了南方两次"却不能接受。Li & Thompson（1981）、方梅（1993）等学者认为是语义要求，即 V 后 NP 必须定指，因此"这种语言""那儿"合法，而非定指成分"中文""南方"非法。关于这一解释，冯胜利（2000，2013a、c）曾举例证明，汉语一般规律恰恰是要求 V 前名词定指，V 后名词恰恰没有定指要求。例证如下[2]：

（43）书在桌子上。　　　桌子上有书。
　　　书，我念了三次。　我念了三次书。
　　　我把书看完了。　　我看完书了。

由此可见，汉语中的动后宾语并不存在"有定"的语义要求。既然 V 后名词没有定指要求，为什么偏偏有频率短语和持续量短语出现时就有这种要求呢？除此之外我们还应该注意到，同样是非定指成分，"学了三年中文""去了两次南方"又都可以说。更重要的是，有一些无定成分也可以出现在上述结构中，例如：

（44）他打了一个人几下。
　　　他骂了几个人几句，就走了。

这里的"一个人""几个人"也都是非定指成分，可句子可以接受。由此可见，语义上的定指规则并不能解释所有的现象。冯胜

1　这里的 FreP 代表频率短语，如"两次"；DurP 代表持续时量短语，如"三年"。
2　引自冯胜利（2013c：196）。

利(2000、2013)指出,制约该结构合法与否的本质原因在于韵律因素——核心重音指派问题。为便于讨论,我们将上述现象的句法结构图示如下[1]:

(45)

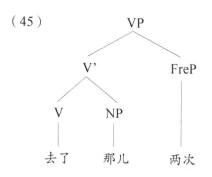

基于上述句法结构,我们再来看前面的对立现象,很多问题就会一目了然。如前所述,核心重音原则是汉语中韵律对句法的作用机制,因此要满足韵律的要求,上述句法结构有两种选择:(一)V将重音指派给其直接管辖的补述语 NP,后面的 FreP 会因为违反韵律规则而被删除;(二)V后 NP 必须是韵律上的不可承重成分,这样 V 就可以将重音指派给句末的 FreP,句子仍然满足韵律要求而合法出现。

有了这两种推论,我们再来分析前面的例子。"*学了中文三年""*去了南方两次"中的"中文""南方"都是音足调实的韵律词,是可以承担重音的成分,因此它们自然而然就会获得 V 指派的重音,结果就是后面的"三年""南方"必须被删除。而与此不同的是,"学了这种语言三年""去了那儿两次""他打了一个人几下""他骂了几个人几句"中的"这种语言""那儿""一个人""几个人"都是韵律上的隐性成分(prosodically invisible constituents)或不可承重成分(un-stressable constituents),因此 V 不得不忽略这些成分而把重音指派给其后的 FreP/DurP。这样,合法与否的两类现象都得

---

1 引自冯胜利(2013c:202),个别节点标注稍作修改。

到了统一的解释。我们可以将 [V+NP+FreP/DurP] 结构中的韵律规则表述如下：

（46）*[V+NP+FreP/DurP] → [V+NP+FreP/DurP] / NP$_{[-s]}$

至于"学了三年中文""去了两次南方"为什么也合法呢？很显然，"三年中文""两次南方"分别都组合为一个 NP，因此 V 可以顺利将核心重音指派给这个 NP，满足韵律条件的要求而合法出现。

综上所述，我们通过汉语的动宾结构、动宾带宾结构、动补带宾结构、动宾带补结构讨论了韵律对句法结构的制约，凡是符合句法要求而违背其韵律规则的结构都会被删除。当然，除了上述四种最基本、最普遍的结构之外，汉语中还有很多结构都体现了韵律的删除功能，如动补带介宾的结构、动宾带介宾的结构、介宾结构的句法分布、把字句中的动词结构、动趋带宾结构等等，限于篇幅，本书不再一一举例分析，读者可以参看冯胜利（1997、2009、2000、2013、2005）等。

韵律对句法的作用还不仅如此，对于那些由于违背韵律规则而被删除的结构，韵律还会对它们进行补救，补救的过程中会激活某些不曾使用的句法手段，这便是我们下面要讨论的内容——韵律对句法的激活功能。

3. 韵律激活句法

所谓韵律激活句法，也可以理解为韵律促发的句法运作，指的是由于韵律动因而激活普世句法中原有的、为该语言句法系统允许的一些操作。比如韵律激活的句法并入（prosodically activated syntactic incorporation）、韵律激活的句法移位（prosodically activated syntactic movement）、韵律激活的句法复制（prosodically activated syntactic copy）等等。

顾名思义，韵律激活句法是韵律条件下的句法运作。那么什么是"韵律激活"出现的"韵律句法"条件呢？下面的四条非常重要：

第一，该句法运作为普世语法所允准（允准包括来自句法自身的诱因和来自句法-韵律界面的诱因）。（不同动因的选择性激活）

第二，该句法运作为普世语法所允准但在当时的语言句法系统中没有合理的句法自身的诱因。（韵律激活而非句法激活）

第三，该句法运作为普世语法所允准，但在当时的语言句法系统中，如不启动，则违反该语言的韵律规则。（强制性激活而非选择性激活）

第四，该句法运作为普世语法所允准，但只在界面韵律诱因下才启动，诱因不在则该运作不启动。（韵律强制性激活）

由此可见，韵律激活有两类：一类是"强制性激活"，一类是"选择性激活"。下面分别来看。

Zec & Inkelas（1990）在论证韵律对句法的限制时谈到了英语的重型名词短语移位（Heavy NP Shift / Complex NP Shift），例如：

（47a） He threw *the letter which he had not decoded* into the wastebasket.
（47b） He threw into the wastebasket *the letter which he had not decoded.*
（48a） He threw *the letter* into the wastebasket.
（48b） * He threw into the wastebasket *the letter.*

由上可见，对于名词短语 the letter which he had not decoded 来说，它既可以直接邻接动词，也可以放在句末；可是对于名词短语 the letter 而言，它必须紧跟着动词，而不能出现在句末。Zec & Inkelas（1990）指出，这种句法位置的差异无法从句法层面找到解释，原因仍然在于 NP 的重量，即置于句末的名词短语必须是包含两个音系短语的韵律分支结构（the letter 和 which he had not decoded），也就是 Selkirk（1984）所说的语调短语（intonational phrases），该句的韵律结构如下所示：

(47b') He threw into the wastebasket [*the letter*]$_\varphi$[*which he had not decoded*]$_\varphi$.

(48b') * He threw into the wastebasket [*the letter*]$_\omega$.

就上述现象中韵律和句法的互动情况而言，韵律首先删除了不合韵律要求的句法结构（48b），这是韵律的删除功能；反过来，对于合法的（47b），我们又可以说，正是因为其合乎了韵律规则的要求，韵律才激活了 NP "the letter which he had not decoded" 从原来的动词后移位到了 PP 之后的句末。这种移位操作是 UG 句法系统允准但此前句法中没有的运作，然而如果没有韵律规则的要求或驱动，该名词短语不会也不能移位到句末。因此我们可以说，这是韵律激活的句法移位现象。

与英语的重型名词短语移位相似，汉语中的这类结构也受到韵律的制约和驱动。例如：

(49a) * 他放那本书在书架上了。
(49b) * 他放在书架上了那本书。
(49c) 他把那本书放在书架上了。
(49d) 那本书被他放在书架上了。
(49e) 那本书，他放在书架上了。

与英语不同的是，无论名词短语"那本书"置于动词后还是介词短语后，汉语都不能接受。而当我们把该名词短语移出动词后时，结果都是合法的。据此，冯胜利（2000、2013）指出，这里的根本原因不在句法而在韵律。我们已经知道，汉语中句子的普通重音发生在句中最后一个 VP 内，由其 V 将重音指派给它所直接管辖的补述语成分。据此，我们就不难发现，（49a—b）都存在一个共同的问题，即 V 后有两个成分，一个是 NP"那本书"，一个是 PP"在书架上"。可是普通重音只能指派给一个成分，如果像（49a）那样，V 直接管辖 NP，那么其后的 PP 就要被韵律规则删除，只能得到"他放了那本书"；如果像（49b）那样，V 直接管辖 PP，那么其后的 NP 就要被删除，得到"他放在书架上了"。换句话说，韵律上的核心重音原则将（49a—b）删除。那么如何才能使其满足核心重音原则的要求？我们可以求助于汉语系统中已有的句法操作——移位，要么用介词"把""被"将 NP 提前作为修饰语，要么直接将 NP 移位到句首充当话题，二者殊途同归，都是为了解决 V 后两个成分争夺核心重音的矛盾。当然，我们不是说汉语把字句和话题句的出现源于韵律，至于说把字句、被字句和话题句各自具有的其他句法、语义功能，那是移位之后才能讨论的问题。但 NP 从底层的 V 后移位到 V 前，这种运作本身是韵律促发的，可以看作是韵律激活的句法移位。这里"删除"是强制性的，但把字句等结构则是选择性的：如果后面的界面韵律不存在，把字句等可以不出现。

汉语的动后介宾结构是韵律激活句法运作的又一重要现象。请看下例：

（50a）* 小鸟落了在树枝上。
（50b） 小鸟落在了树枝上。

（51a）* 他住了在学校。
（51b） 他住在了学校。

（52a）* 列车开了往北京。
（52b） 列车开往了北京。

众所周知，汉语的体标记"了"是鉴定动词的重要标准，它必须贴附在动词之后，表达动作或事件的完成。可偏偏在动词带介宾短语的结构中出现了例外，体标记加在了介词之后。可对于一般的介词短语来说，又都不能加体标记，例如：

(53a) *小鸟在了树枝上唱歌。
(53b) *他在了学校住。
(53c) *列车往了北京开。

针对诸如"落在（了）""住在（了）""开往（了）"这样的现象，Li（1990）提出了句法角度的"重新分析"，即 [V+PP] 被重新分析为 [[V-P]+NP]；并且指出，重新分析后的 [动介] 相当于一个复杂动词，携带原本属于介词的宾语。问题在于，汉语为什么要发生这种重新分析？动因何在？冯胜利（2000、2013）指出，这是汉语特殊韵律结构的要求使然，是由重音指派造成的。为便于讨论，我们将上述现象的句法结构图示如下[1]：

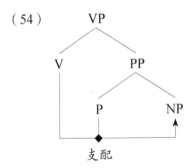

（54）

如图所示，对于"住在学校"这一结构来说，动词"住"直接管辖的成分是整个介词短语"在学校"，而不是句末的名词短语"学校"，因此由于"在"的阻断，"住"就无法将核心重音指派给"学校"。反过来说，如果"学校"要获得重音，只能由其直接管辖者"在"指派，可是汉语的介词又不具备指派核心重音的资格。因此，即便这一结构符合汉语的句法规则，它仍然不能被接受，这就出现

---

1 引自冯胜利（2013：221）。

了上面所说的"*落了在树枝上""*住了在学校""*开了往北京"等一系列的非法现象。如果想要使其合法化，就必须解决 P 阻止 V 给 NP 指派重音的矛盾，唯一的办法就是让 P 与 V 组成一个整体，由这个整体将重音指派给其直接管辖的 NP，这也就是我们前面提到的重新分析。这一句法运作过程如下所示[1]：

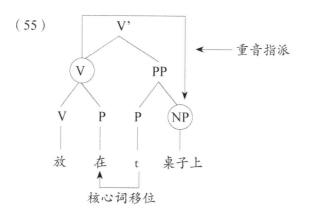

如上图所示，只有将 P 并入 V，二者组成一个新的 V，这样 V 才能直接管辖后面的 NP，核心重音的指派才能顺利进行，韵律要求才能得以满足，句子才能合法。需要注意的是，并入操作是句法中已有的操作，但 P 并入 V 的动因是由韵律而起，因此我们说，这是韵律激活的句法并入。这里是强制性的，不能不移位。

下面要谈的现象我们在前面一节"韵律删除句法"时已经有所涉及，即汉语中的动宾带补结构，如"*学了中文三年""*去了南方两次"都不能说，删除原因也在于该结构无法保证核心重音的正常指派。那么句法如何补救这一结构呢？我们可以将其改造为：

（56a）学了三年中文　　去了两次南方
（56b）中文，学了三年　南方，去了两次
（56c）学中文学了三年　去南方去了两次

---

[1] 引自冯胜利（2013：225）。

不难看出，三类结构分别采用了三种句法运作：（56a）将数量短语"三年/两次"移位到名词"中文/南方"之前，使其由原来的补述语变为修饰语，这样动词后面便只剩下一个需要承担重音的成分。（56b）将名词"中文/南方"移位到句首充当话题，同样保证了动词后只剩一个承重成分，核心重音可以顺利指派。（56c）则采用了复制动词的操作，将原本的一个VP变为两个VP，同样保证了句中最后一个VP"学了三年/去了两次"可以成为核心重音范域，重音指派顺利进行。由此可见，对于被韵律删除的句法结构"*学了中文三年""*去了南方两次"来说，韵律驱动句法系统启动移位和复制操作，将非法结构补救为合法结构。

综上所述，对于那些由于违背韵律要求而被删除的句法结构，韵律还可以激活语言中已有的一些句法手段（比如并入、移位、复制等）去补救，这就是我们所说的韵律具有激活句法的功能。

本章小结

本章介绍韵律句法，主要包括：（1）韵律与句法的界面单位——韵律黏附组和韵律短语；（2）韵律制约句法的机制——核心重音；（3）韵律对句法的作用——标记、删除和激活。

在这一章中，读者应该掌握的重点是：什么是核心重音，它与别的重音有何区别；汉语的核心重音如何测试，核心重音指派原则是什么；核心重音对汉语句法的作用结果是什么；韵律如何标记、删除、激活句法。

【思考题】

1. 什么是黏附词？什么是韵律黏附组？请举例说明。
2. 什么是韵律短语？请举例说明。
3. 什么是核心重音？请举例说明。
4. 韵律对句法有哪些作用？请举例说明。
5. 请看下列现象：
   （a）读报　读报纸　阅读报纸　*阅读报
   （b）汉语学了五年　学汉语学了五年　*学汉语五年
   （c）汉语说得很流利　说汉语说得很流利　*说汉语得很流利
   （d）书放在桌子上　把书放在桌子上　*放书在桌子上
   请分别说明四类现象中的对立原因，并尝试对上述四种现象作出统一的解释。
6. 对比分析"复印文件""印文件""复印件"三个例子，说明韵律和句法的关系。
7. 汉语中"签约外企"和"*签协约外企"存在对立，"*签协约外企"和"查清楚真相"也存在对立，分析说明其中的原因。
8. 对比"负责售后服务"和"*负责任售后服务"，分析说明其中的原因。
9. 对比"*去了上海两次"和"去了那儿两次"，分析说明其中的原因。

第五章 韵律与语体

韵律构词学和韵律句法学的建立带来一个直接的结果,就是"韵律语体学"的诞生。我们看一下下面的例子就会了解什么是"韵律语体"的初衷了。请看:

(1) 面临＋倒闭　无法＋工作　被迫＋停业　公然＋逃跑
　　　依法＋逮捕　非法＋行医　贪图＋享乐　不求＋上进
　　　专心＋学习　禁止＋说话　集中＋力量　予以＋批评
　　　增加＋投资　导致＋疾病　抢夺＋财物　共同＋协商
　　　持枪＋上学　并肩＋战斗　开枪＋警告　从事＋教学
　　　日益＋猖獗　采取＋措施　设立＋机构　严厉＋惩罚
　　　一经＋发现　极其＋不满　基本＋完成　经受＋批评
　　　更加＋出色　极为＋不满　四处＋逃窜　列举＋事实
　　　陷入＋困境／僵局

上面这些双音节词汇,如"面临""无法"等,都要求和另一个双音节的形式搭配才能说。能说不能说反映的是语法问题,不是修辞问题。就是说,上面这些词汇违背了"双+双"的条件就不合法。譬如:

(2) *面临倒　　*无法做　　*被迫停　　*公然跑
　　　*专心学　　*禁止说　　*集中力　　*予以批

"双求双"是一种非常重要的韵律现象,在韵律语法里面引起了普遍的关注。然而这类现象的背后还隐藏着更深的规律,这就是

"什么时候""为什么"会出现、会使用这种"双求双"的形式的规律。比较一下下面的对立,其中的奥秘就立刻显现出来:

(3a)＊无法做:没法干
(3b)＊专心学:好好学
(3c)＊禁止说:不要说

左边的 2+1 不合法,右边的 2+1 都能说。左边的形式和右边的形式有什么不同呢?显然,左边的是书面语形式,右边的是口语形式。就是上面的这些对立把我们的视线从"韵律语法"引到了"口语"和"书面语"的不同。就是说"双求双"不是单纯的韵律问题,因为口语里没有这种规则,它们一般只出现在书面语语体的表达里面。为什么书面语的语言有"双求双"的要求呢?于是,韵律的研究就不可避免地引导我们深入到书面语的研究中来了,出现了一个"韵律语体学"的新领域。

下面分五个小节来介绍。第一节介绍书面语法在韵律、构词和句法上的独立性,这是语体语法的基础。第二节提出正式与非正式、庄典与俗常的二元对立系统、讨论通过二元对立达到拉开听、说二者之间距离的交际机制。在第三节里,这种二元对立的"拉距"机制被进一步发展为"三维互立"的语体系统。第四节指出,语体系统的本质不是语用而是语法,它是特定的语法形式与特定交际环境之间的有机对应和规律分布,因此才叫作"语体语法",而不是"语体语用"。当然,语体语法是在语用中实现的;于是,如何在语用中鉴别哪种语法属于哪种语体的问题,则是第五节专门讨论的内容,即语体语法的鉴定标准。最后,本章还给出了一个"不同语体要素交叉组配"的"组体模式",以便分析不同语体系统下的文体差异。下面分别讨论。

第一节　书面语法的独立性

"书""口"的不同，是朱德熙（1987）最早注意到的。他首先提出"书面语语法研究和口语语法研究应该分开进行，不能混为一谈"的问题。此后，胡明扬（1993）更明确地提出了书面语和口语之间"语体和语法"的问题。到了2006年，冯胜利把韵律上不同类型的书面词语汇集成编，编写了一本《汉语书面用语初编》（北京语言大学出版社）；而孙德金（2012）则更进一步发现了大量的现代书面汉语中的文言语法成分。

这里最需要一提的是：把书面语看作现代汉语语法中的一个独立的体系是最近的事（冯胜利2003）。书面语和口语有不同，这一点人人皆知；但是说书面语是一个独立的语法系统，尽管越来越多的人开始接受这个观点，但并不是人人都同意的。一般人认为书面语法是口语语法的变体，但不是两个系统。那么，有什么道理说书面语语法是一个独立的体系呢？冯胜利是从系统的对立上提出"口语和书面语需彼此对立"这个看法的。譬如：

书面语和口语的不同：
（4a）词汇不同：爸—父亲，妈—母亲，爷爷—祖父，姥姥—外祖母，姥爷—外祖父；
（4b）短语不同：吃饭＞用饭＞用餐＞用膳；
（4c）句型不同：看报＞读报＞阅读书报＞书报阅读＞书报的阅读；
（4d）语音不同：轻声＝虽然口语词汇不都轻声，但是轻声的都是口语词。

不仅如此，书面语和口语的不同最重要的是，书面语有一套自己的语法。譬如：

（5）进行 + [VV]：进行批*（判）
　　　加以 + [VV]：加以批*（判）
　　　遭到 + [VV]：遭到批*（判）
　　　举行 + [NN]：举行会*（议）
　　　侵入 + [NN]：侵入*（学）校/*（他）国
　　　滥用 + [NN]：滥用*（职）权
　　　安装 + [NN]：安装机*（器）
　　　大有 + [NN]：大有*（希）望/文*（章）
　　　安装 + [NN]：安装机*（器）
　　　坚持 + [NN]：坚持*（真）理

这批双音节的轻动词，如"进行、加以、予以"等，必须携带双音节动词，否则不合法。因此下面的短语都不合法：

　　*进行批　*遭到批　*加以批　*举行会……

说"双音节轻动词有自己独立的语法"远远不止上面这一点，因为即使"进行""加以"等带上双音节动词，仍然不是"进行"等双音节形式动词的全部语法。请看：

（6a）*进行改造传统体制
（6b）　对传统体制加以改造

（7a）*加以批判封建主义思想
（7b）　对封建主义思想加以批判

很显然，"进行"等双音节形式动词不仅仅是"双 + 双"的搭配问题，也不是词义选择问题，而是句法问题，亦即双音节轻动词后面的双音节动词不能携带宾语。注意，上面双音节形式动词后面的动词在正常情况下都可携带宾语，如：

（8）改造传统体制
（9）批判封建主义思想

"改造、批判"这些动词到了"进行"等轻动词后面就不能带宾语了，这种语法限制在现代汉语中恐怕只存在于书面语中。因此，书面语的语法具有独立性。就是说单、双音节对立的现象告诉我们：书面语的语法和口语语法使用着不同的韵律规律和句法规则（或韵律允准的句法规则）。因此，说"书面语语法是一个独立的系统"有事实根据。但现象不是理论，趋势也不是规律。语言学上只有事实根据还不够，必须有理论原理说明为什么必须如此，才能确立系统、建立学科。那么这里的理论根据是什么呢？我们必须进一步考虑书面语的性质问题。这就产生了"书面语的存在是为拉开和口语的距离"的思想。

第二节 二元对立的"拉距"系统

书面语的独立性引导我们思考一个现代汉语的历史问题：五四运动消灭了文言文。但是从五四以来"我手写我口"的白话文运动到今天，书面语和口语的距离不是缩小了，而是加大了。为什么消灭了书口距离的五四运动到了将近一百年以后的今天，书口的距离不是没有了，反而加大了呢？我们发现，这是语言自身系统性的需要，是语言必须让口语和书面语拉开距离的需要，是不以人的意志为转移的必然结果。于是我们发现了"口语和书面语"二元对立的语法系统。图示如下：

第五章 韵律与语体

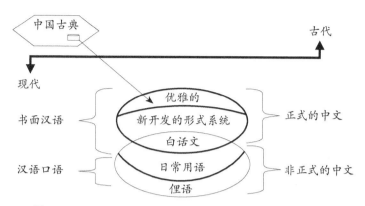

图 1 Diagram of Formal and Informal Chinese (Feng 2006)

就是说，口语有口语的特征，书面语有书面语的特征，二者是要区分和对立的。换言之，语言系统自身要区分口语和书面语两个系统的不同。用什么区别？当然是语言手段。什么语言手段？当然是语音、词汇、词法、句法等手段。这就是书面语语法为什么独立于口语的根本所在，因为二者是要区别、要对立的。

有了这个二元对立的系统后，我们的思路自然而然地集中到文言书面语系统消灭后汉语如何构建和口语对立的现代书面语系统的问题上来了。思考和研究的结果让我们发现百年来我们所说的白话文运动，其实是在默默地自我完善着新的"二元对立"体系的重建。其具体程序和机制如下图所示[1]：

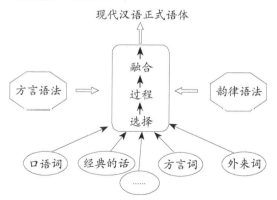

图 2 正式语体构建示意图

---

[1] Feng. On modern written Chinese [J]. *Journal of Chinese Linguistics,* 2009. Vol.37: 146.

新的书面语体,语料取源上说是以口语为基础,同时兼取方言、古语、外语中的词汇和语法。但"兼取"不是生搬硬套,而是在口语语法和韵律语法的框架内,先选择、再加工、最后融合而后出产。亦即上图所说的"书面正式语体创造的四大原则":

(10) ① 提取原则(古、今、方、外)
　　　② 加工原则(口语语法为基础,韵律结构为根据)
　　　③ 耳准原则(耳听可懂)
　　　④ 配制原则(包括:
　　　　　a. [± 正式] 度
　　　　　b. [± 典雅] 度
　　　　　c. 双维四项配制系统(见下文))

在这样一个理论框架内,我们对书面语有了新的理解:所谓书面语,本是为区别于口语而产生的具有不同交际功能的一种独立语体体系,而不是简单的"写下了口语"的文字。这个时候我们发现,所谓书面语的功能,其实应该理解为"表达形式的正式性"。书面语就赋予了新的概念:书面正式体。于是一个新的概念——正式语法诞生了。在新的概念之下,当代书面语就可以根据这一新的理论定义为:以口语、方言、外来语和文言词语为材料,以韵律语法为框架,建立在口语语法基础之上的一种正式语体。这样一来,我们就清楚地看出:新生的白话正式语体的词汇和语法,是一步一步地从白话口语语体语法体系中脱离出来、逐渐形成和建立起自己的体系的。譬如:

(11a) 受<u>音节词</u>控制的<u>词汇调整</u>(从音译词到复合词:
　　　德谟克拉西→民主;赛因斯→科学);
(11b) 受<u>韵律语法</u>控制的<u>词法调整</u>(满足语义的复合词 + 满足韵律的复合词:
　　　复合词(康麦因→收割机/联合收割机)——语义需要

的复合词；

韵律词（目—眼睛、冰—凉冰）——韵律需要的复合词[1]）

（11c）由正式语体促发的**泛时空语法**
  动名词的产生： 教材的**编写**
  形式动词的出现：**进行**改革
  合偶词的产生： **禁止**吸烟

（11d）由典雅体促发的**词类创新**
  嵌偶词的产生： 我＋校、遍＋查（古语不双而后成立）
  古代词语的复活：北京之春（"之"＝古代虚词，但不轻读）

(11a—b) 两者是现代汉语的韵律语法（如前三章所讨论的），(11c—d) 是现代汉语的语体语法。这让我们很兴奋，因为它预示着原来认识的书面语不必是写的文字，在正式场合中口说的也是"口头书面正式体"。再进一步思考，所谓书面语就是正式体。于是原来二元的口语和书面语的对立，现在变成了"非正式体"和"正式体"的对立。这下我们明白了，它的存在或出现是语言的语体系统的需要，于是促发了"语体语法"的思想。在这种思想的指导下，很多纷繁杂乱的语言现象，就开始呈现出"语体"规律来，譬如前面提到的例子：

（12a）词汇不同：爸—父亲 妈—母亲 爷爷—祖父
       姥姥—外祖母 姥爷—外祖父
（12b）短语不同：吃饭 用饭 用餐 用膳

---

[1] 韵律需要的复合词从语义角度说，不是真正的复合词，因为"眼睛"和"眼"没有语义值的区别，"冰"都是"凉"的，所以也没有概念的不同（语体不同是另外的问题，见下）。

（12c）句型不同：看报　读报　阅读书报　书报阅读
　　　　　　　　书报的阅读

上述种种现象，都可以看作是"新生语体体系"化合作用的结果。

第三节　三维互立的语体系统

当我们考虑到人们交际必不可少的正式与非正式的表达的时候，我们不禁要问：为什么人们交际需要正式与非正式的两级对立呢？我们可以想出无数理由回答这个为什么，但是，说一千道一万，这两极对立最根本的需要就是表现说者和听者之间的关系：不是其他任何复杂的关系，而是最基本的远近亲疏、高低上下的关系。因此冯胜利（2010、2011）从语言交际角度提出，"语体是实现人们在直接交际中最原始、最赋有基本属性的、用语言来表达或确定彼此之间关系和距离的一种语言机制"，这就是"语体"的定义，它是"语体语法"概念的核心。其内容至少包含下面几个概念：

1. 语体是交际的产物；
2. 语体是用语言完成交际任务的产物（排除非语言的交际，如肢体交际等）；
3. 交际最原始、最基本的属性是确定交际者之间的关系；
4. 交际关系多种多样，但最基本的是彼此之间的距离；
5. 距离也有很多种，但是距离最根本的形式是远近和高低。

这种本能的语体机制是不是与生俱来的，是将来研究的课题，就目前而言，它是每个人语言能力的一部分则毫无疑问。本章的语体语法就是根据上述"语体机制"的原理来看语法的语体属性。

在上面的语体原理基础上,进而发展出一个包含"基本概念"和"下属概念"的理论体系。首先,"语体是交际的产物",那么我们就要定义什么是"交际"。这里的"交际"不是其他任何方面的交际,而专指"用语言"来实现和完成的那种交际。确定了"交际"的概念后,再定义交际的"属性"。于是我们发现,交际最原始、最基本的属性是"确定交际双方的关系"。什么是"关系"?我们再从关系的最基本的属性上发掘,于是发现构成关系的最基本的元素是"距离"。这里就和我们前面说到的"书面语是拉开与口语的距离"的思想相互吻合了。因为物理性距离加上"人文""社会"的理解以后,"物理"就变成了人和人关系上的"人文表现":"远近高低"等于"亲疏敬畏"。用图形表示如下:

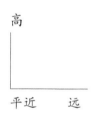

高 = 高山仰止

平 = 平易近人、近 = 亲密无间

远 = 不衷(远)不敬、不敬不严(《五行·第十二章·经》)

图 3　语体距离示意图

就是说,除了俗常体和正式体以外,还有表达敬畏的庄重典雅体(庄典体)——人们生活中除了亲朋好友(俗常体)和老师领导(正式体)的关系外,还有祖先和神灵的关系(庄典体)。最近的出土文献《五行·第十二章·经》中说的"不衷(远)不敬,不敬不严"正好反映了这种物理距离和人文距离之间的语体关系。这样一来,我们实际就有一个语体系统的逻辑结构,如下所示:

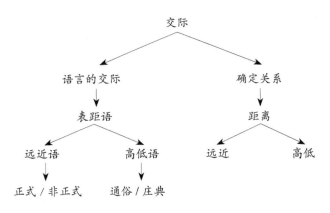

图 4 语体系统的逻辑结构

这个结构的逻辑关系是:交际产生关系,关系本于距离,距离产生远近、高低;远近造成正式/非正式,高低造成通俗/庄典。由于人是社会的动物,交际是社团存在的必要因素,因此语体是人社会性的一种必然产物。

有了上面的语体理论,一个三维对立的语体系统就建立起来了。用图形表示,即:

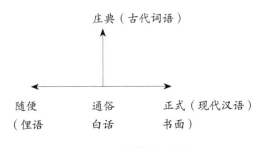

图 5 语体结构示意图

人们说话没有"没有对象"的,因此凡语言都有语体:要么通俗体,要么正式体,要么庄典体,尽管正式度或庄典度变化万千,甚至会出现融体(两类语体的融合)、兼体(两个语体同时使用)、跨体(从一个语体到另一个语体)等变体的差异。然而上面的理论不是没有挑战。这个理论出来后，有些人怀疑这种二元对立（正式与非正式、庄典与通俗）的三维分体系统是人为的还是客观的？或者，它有没有充分而广泛的现实证据？研究发现，《诗经》所以分风、雅、颂三体，实际就是语体三分的历史见证。因此，我们的系统可以理解为下面的图示：

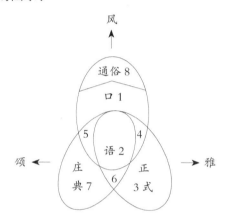

图6 语体要素交叉匹配模式图

就是说，三分体语体反应了人类文化中（古今中外）最基本的规律，正因如此，不仅语言的表达呈"通俗、正式、庄典"三足鼎立之势；音乐、书法、绘画、服装、建筑以至于烹饪菜肴，也无所不然。语言学中语体体系的建立，帮助我们看到了人类文化结构中的基本要素及其之间的组配和互动，这真是让我们既兴奋又骄傲的结果。于是我们"顺藤摸瓜"，继续发现了现代汉语里的"三体韵律构词"现象。如：

（13）三体韵律构词

庄典	正式	通俗
欺	欺骗	骗
助	帮助	帮
避	躲避	躲

习	学习	学
筑	建筑	建
念	想念	想
输	运输	运
掘	挖掘	挖
暨/与	同/和	跟

上面单音节的词汇占据语体的两头（通俗与庄典），二者相合取其中，结果合成的双音节词汇取其中（正式体）。这种 [通俗→正式←庄典] "天下三分"的格局，正巧也是单双音节语体功能参差互动的有机表现，韵律在语体中的作用由此可见一斑。

当然，更引起我们注意而不可忽视的是，在语体概念的建立中，早期文体和语体的研究成果做出了巨大贡献，它们从不同的角度启发、支持、丰富了现在的"语体语法"理论。比如陶红印 (1999) 的研究提出，语法研究必须以具体的语体为中心。他研究了 (i) "把"字和"将"的不同, (ii) 把字句和被动结构的文体作用, (iii) 光杆动词句在自然对话和影视对白中的差异，等等，都是语体研究的先声。方梅（2007）的研究也很卓著，她认为语体是决定语句结构和语篇结构的重要因素，她从语体和语法两个角度探讨了语体特征的句法表现和语法特征的语体表现。而张伯江（2007、2012)更明确地提出，"任何一个细微的语体变量的不同，都会导致语法特征的差异，而这种微观的语体差别，有时反倒是在语法解释中具有重要意义的"，这是语体理论的一种新的发现和发展。不过，早期的语体研究没有区分文体和语体的不同，也没有提出二元对立、三维分体以及具时空和泛时空的机制。在这方面，我们更关注年轻学者王永娜（2011a、2011b、2012a、2012b）的语体研究，她用书面正式语体的"泛时空化"手段解释了何以"V＋向/往＋NP""和"字动词性并列结构、非计量"一＋量词"等具有书面正式语体功能的原因，下面试举一例以见一斑。

（14）具时空化（下画线成分）：
中国从 79 年开始发展经济　　（时间）
在中国发展经济　　　　　　　（地点）
用中国的方式发展经济　　　　（方式）
大规模地发展了商品经济　　　（程度）

（15）泛时空化：
随着商品经济的发展，人们对财富也就更为崇拜……
（抽象化）
在过去的三十年中，经济的发展达到了空前的程度
（概念化）

如果说"商品经济的发展"在介宾结构中已被抽象化了，那么它在主语位置上就被概念化了。其他像"习得的研究""技能的缺乏""反恐的进行"等 [宾语+动词] 的倒置结构，均可当作"抽象化""概念化"的泛时空化用语来看待，属"泛时空"语体表达的手段。

用具时空和泛时空的理论来看汉语的动词短语，我们看出了一个新的类型和格式：

（16a）[V NP] 讲故事 ＝ 具体性　动宾行动
（16b）[NP VV] 故事讲述 ＝ 概括性　动宾行为
（16c）[NP 的 VV] 故事的讲述 ＝ 抽象性　动作事件

这里单音节动词组成的动宾结构富有具体性、事态性和非抽象性。和单音节动词不同，双音节动词组配的动宾倒置结构则具有概括性、非事态性。特别要注意的是：倒置的 [宾的动] 结构要比

没有"的"字的 [宾动] 结构更"语体化"[1]：具有明显的抽象性。三者对比，前者 (16a) 是"动作"，中间 (16b) 是"行为"，最后 (16c) 则是"概念"。以前我们分析句子结构一般都从句法上着眼，韵律语法产生后，我们可以从韵律的角度分析结构了，而现在我们又有了一个新角度，就是从语体的角度分析结构。从语体的角度分析结构，我们发现，不同的结构具有不同的语体功能，亦即：

（17） V   V V   [V V]$_N$
　　　 动作   ＞ 行为   ＞   概念
　　　 act   acting   action

这个新角度的语法分析有很大的潜力，譬如正式体的句型（语法手段）有多少，口语体的语法手段（音法、词法、句法）有多少，它们之间怎样互动等等，都是尚未开发的处女地。

当然，新的理论也面临着新的挑战。有的学者说，正式语体不过是口语语体的一种变体，不能说是独立的语法。的确，从朱德熙、胡明扬等老一辈的学者以来，虽然看到书面语的特殊性，虽然主张书面语和口语分开研究，但是没有说它们是两个系统，更没有说是两个语法系统。我们有什么证据说通俗语体语法和正式语体语法不一样呢？换言之，语言的两体或三体，古今中外的学者都看作是修辞或风格的差异，而不是语法的不同。我们有什么证据把它们分析为不同的语法体系呢？这就逼着我们在语体三分的基础上，重新考虑语体的语法属性的问题。

---

1 理论上说，通俗、正式、庄典三体的彼此转变，都是语体化（口语化、正式化、庄典化）。这里 [动+宾] 变成 [宾的+动] 格式，语义上说是抽象化，语体上说是语体化（或正式语体化）。

第四节　语体的语法属性

理论的正确性往往意味着深层的秘密将被发现。经过反复验证，潜藏语言背后的、表现语体语法的事实，一批一批地被揭示出来。这就是近年来王丽娟研究的韵律形态的语体表现。比较下面的例子：

（18a）　修车　　　修汽车
　　　　*车修　　*汽车修　　*汽车的修
　　　　修理汽车　汽车修理　汽车的修理

（18b）　装门　　装门窗　　修门窗　　*装和修台式电脑
　　　　*门装　*门窗装　*门窗修　　组装和修理门窗

"修车""装门""修汽车""装门窗"都是口语的表达，"修理汽车""装修门窗"则是正式体的表达。它们的区别首先在韵律上：单音节动词是口语形式，相应的（音足调实的）双音节形式则是正式体形式。其次，口语性的单音节动词+单音节宾语不能倒置（即使宾语是双音节也不能倒置），而正式体的双音节动词+双音节宾语则可以倒置（如"汽车修理/汽车的修理"）。就是说，动宾倒置是正式体语法，而非口语语体的语法。比较：

（19a）眨巴眼睛　　?眼睛眨巴　　*眼睛的眨巴
（19b）摩挲床单　　?床单摩挲　　*床单的摩挲

"眨巴"和"摩挲"都不是单音节动词，但都是口语动词（第二个音节是轻声，不是音足调实的双音节动词），因此也不能接受"动宾倒置"的句法运作，这就证明了"动宾倒置"是正式体语法的结论。下面的测试同样告诉我们：单音节动词和双音节（VV=音足调实的）动词有不同的语体属性，因此接受不同的语法运作。

（20a） 修了三次汽车　　*三次修　　　*那种修
　　　　修理了三次　　　三次修理　　　那种修理

（20b） 修理场所　　　　修理方式　　　修理技巧
　　　　*修场所　　　　*修方式　　　　*修技巧

(20a) 中的例子告诉我们：VV 可以独立受数量短语、指量短语等限定性成分的修饰，但是单音节 V 则不可；(20b) 中的例子告诉我们：VV 可以直接充当定语修饰名词，但是单音节 V 不可以。这些在提出"韵律语法"和"语体语法"之前从来不受关注的语法属性，现在都一一地呈现出来。[1]

更能代表不同语体有不同语法的是黄梅（2012）提出的庄典体语法里面的嵌偶词。先看下面的例子：

（21）校：*<u>我们校</u>老师都很有名。
　　　　　　*这是<u>我们的校</u>。
　　　　　　<u>我校</u>不雇非法移民。
　　　　　　<u>此校</u>有明文规定，你必须遵守。
　　　　　　<u>本校</u>不收<u>贵校</u>学生。
　　　　　　电传该校校长，马上<u>到校</u>述职。
　　　　　　这类学生，一旦查处，要立即<u>离校</u>。
　　　　　　明天，新生才能<u>入校</u>报到。
　　　　　　通知<u>在校</u>学生，明天停课。
　　　　　　参加比赛的学生按校分组。

（22）访：*他想访著名学者。
　　　　　　*他想普遍访著名学者。
　　　　　　他想<u>遍访</u>著名学者。

1　参考裴雨来 (2015) 有关"军马饲养场"的分析。

（23）友：*您的<u>友</u>来这儿，我一定热情招待。
　　　　　*您的高贵<u>友</u>来这儿，我一定热情招待。
　　　　　<u>贵友</u>来此，定热情招待。

"校"这类词（现代汉语里共有350个左右，参黄梅（2012）），不能单说，只能单用。它们就像语法成分"了""的"等虚词一样，语法上是独立的单位，但不能单说。这些"校""友""访""遍"一类的词，不知怎么归类，长期以来困扰着语法学家：说它们是黏着语素，它们又非常自由；说它们是自由语素，它们又不能"单说"。因此，进退两难，莫衷一是。然而，韵律语法的理论出来后，我们发现它们实际是"句法自由、韵律黏着"性质的词。就是说，在韵律上它们必须在"双音节模板"内出现，而这个双音节模板一定是一个短语，因此"我校"可以满足句法和韵律的双重要求，但是"我们校"因为超出了"双音节模板"的限制，所以违背了韵律之法，尽管没有违背句法的要求。这是"校"一类庄典体词汇的特殊语法限制，这种语法限制，口语体没有，正式体也没有。它是不同语体有不同语法的一个例证。

事实上，最能反映"语体不同则语法亦异"的现象是下面这些例子：

（24a）我们班的同学都*买和读了那本小说。
（24b）我们班也有*买和读过那本小说的学生。

（25a）学生都购买和阅读了这部小说。
（25b）购买和阅读过这部小说的学生不计其数。

上面句子的句法结构是[V 和 V]，但是令人不解的是，"*买和读"不合法，但是"购买和阅读"就合法。任何句法理论都无法解释为什么同一结构"既合法又不合法"。当然，我们可以从韵律上说，

[V 和 V] 不合法，但 [VV 和 VV] 合法。但是单音节和双音节动词的不同并不能解决，为什么都是动词并列结构，一个合法，一个不合法呢？王永娜（2013）和王丽娟（2014）认为，这里 [VV 和 VV] 中的 VV 不是纯动词，而是名物化的形式，因此和纯动词的 *[V 和 V] 语法不同。这不仅是一种非常深入的解释，重要的是，它告诉我们：名词化的 VV 不是口语形式，而不是口语的正式体 VV 可以有不同的语法。

"语体不同则语法也随之而异"的语言现象还有下面的句法对立：

（26a）　李四传道于北美之地多年。
（26b）*李四讲故事在加拿大(好多年了)。
（27a）　八戒乞食于长安街头。
（26b）*张三要饭在街头。

现代汉语口语语法里表示地点的介宾短语不可以放到动词之后，所以 *[V+PP$_{地点}$] 不合法，但是正式庄典体里面"乞食于长安街头"则是合法形式。同一句法结构，在不同的语体里可以合法也可以不合法，这种现象是以前不知道的。上面这些"合法与非法"的对立，直接和语体的"正式与非正式"的对立相互对应。同样一种语法 ([V+PP$_{地点}$])，口语不合法，但庄典正式体就合法。这不是语体语法的明证吗？口语可以说 [编+Obj.]，但是正式格式的 [Obj. 的编] 就一定要双音化，变成 [……的编写]，否则就不合法。可见正式有正式的语法，口语有口语的语法。一言以蔽之，语体不同，语法也不同。当然，这并不是说口语和正式体的所有语法都不同。事实上，不同语体使用的大部分语法都是重合的（共用语法）。这里所要强调的关键点是：用来区别语体的语法不但是不同的（口语用 A，正式体用 B），而且有些还是对立的（口语用 +A，正式体用 −A）。

上面讨论的语体语法是汉语独有的吗？当代语言学的研究是用具体语言材料发掘人类语言的普遍规律，语体语法的研究也不例外。我们这里用汉语的材料建立的语体语法应该（至少我们预期的）是普遍性的。当然，这方面的研究还没有展开，但是下面的证据充分地显示出英文中的语法对立实际就是语体对立，尽管研究英文的学者还没清楚地意识到这一点。譬如：

（28a）He built a house for us.
　　　　He built us the house.
（28b）He constructed a house for us.
　　　　*He constructed us the house.
（28c）He gave a picture to the church.
　　　　He give the church a picture.
（28d）He donated a picture to the church.
　　　　*He donate the church a picture.

为什么 built 可以带双宾语，但是 donate 就不行呢？长期以来这个问题困扰着英语语言学界的很多学者（Pinker 1989），无论他们怎样从语音（give 音节少，donate 音节多）、语义（give 简单，donate 复杂）、历史（give 属于安格鲁撒格逊语，donate 属于拉丁语）、频率（give 使用频率高，donate 使用频率低）等诸多方面来解释，都没有一个统一的令人满意的答案。很显然，上面的这类语法的不同和对立，在语体语法的体系里，都是正式体和口语体对立通过句法条件的不同来实现的具体表现，而其最根本的表现就是同一句法运作（ditransitive 或 dative movement）在口语里面是合法的，但在正式体里面不合法。这正是语体语法跨语言的证据和表现。

第五节　语体语法的鉴定标准

如何鉴定任一给定的语言形式（词、短语或句子）的语体呢？

我们根据语体语法的定义和属性,发展出如下鉴定标准:

(29a) 场合:厨房;白宫;教堂
(29b) 对象:妈妈;总理;上帝
(29c) 内容:家常;政治;信仰
(29d) 态度:亲和;严肃;敬畏

就是说,任何一个形式,无论是词、短语、句子、语段甚至篇章,首先检查它的使用场合。举例来说,看其是在厨房(或类似非正式的场所)使用的,还是在白宫一类正式场合或是教堂一类庄重场合使用的。然后考察它的使用对象,即它是用来跟妈妈(或老同学)说的,还是跟国家总理或祖先、上帝说话用的。第三,看这个形式是用来谈家常的,还是讨论政治的或是告祭神灵的。最后还要看说话者的态度如何,是亲热和蔼的还是严肃的,或是敬畏的。当然,上面只选取极端为例,使用者可以根据不同的等级来判断该形式的语体"度"(俗常度、正式度、庄典度)。注意,这里没有绝对的语体,亦即如果没有正式体,也就没有通俗体。它们彼此之间的不同是以关系为前提、对立为条件的。所以,任何形式的体都是相对的,其间的关系可以用图形来表述如下:

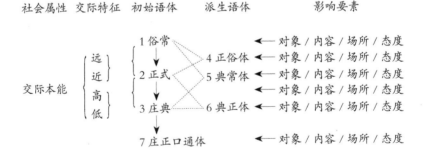

图 7 语体要素交叉匹配模式图

下面,我们给出上述初始体(单体/典型体)和派生体(混合体)

各种类别的简单示例,来说明上述系统的具体体现。

(30) 三体交叉匹配类型
　①单一口语体:只用于口语而不用于其他语体的形式,如:
　　儿化词:理儿=道理　事儿=事情　今儿=今天/今日……
　　轻声词:盘子=盘儿　勺子=勺儿　刀子=刀儿……
　　句型 [V/A 什么 V/A]: 美什么美、想什么想……
　②庄正口三通体:三体通用的形式,如:
　　国家、民主、自由……[1]
　③单一正式体:只用于正式体,如:
　　进行/加以+双音节动词……
　④正口双兼体:口语、正式兼用,如:
　　思想、文明、政治……
　⑤庄口双兼体:口语、庄典兼用,如:
　　[庄] 婉拒、拒之门外、[口] 被那个公司拒了……
　⑥庄正双兼体:庄典、正式兼用,如:
　　我校、该校、今日、明日……
　⑦单一庄典体:只用于庄典体,如:
　　之、所、其、者、何……
　⑧俚语[2]:口语(土语)如:
　　嗝儿屁(=死)、颠儿(=逃跑)……

在这样的一个"单体、兼体和通体"三类语体交叉互动的体系

---

[1] 如果仔细区分,三体通用的词汇可有三种来源:"口语词汇通用于庄典和正式""正式词汇通用于口语和庄典""庄典词汇通用于口语和正式"。这里"国家/民主/自由"属于正式词汇,通用于口语和庄典。下面的"双兼体"也同样。

[2] "俚语"也可以叫作"极端口语体",与之对应的则是"极端庄典体",有无"极端正式体"则是将来要研究的问题,此不赘述。

里，我们可以进一步构想更深入的问题。譬如：（1）三体交叉可以产生多少次范畴？（2）每类次范畴包括哪些成员？范围多大？（3）有无兼体的主从性或方向性？（4）有无不可能存在的语体搭配？（5）有无无法归类的语体现象？（6）文艺美文的归类问题。诸如此类的问题都有待于将来的进一步研究。

综上所述，本章所要强调指出的是，没有韵律语法，很难发现语体语法的理论（书面语法在韵律、构词和句法上的独立性，不仅是语体语法的基础，更是韵律语法的重要发现）；没有语体理论（二元对立的三维语体机制），则很难揭示如此丰富的语体现象、预测如此深入而带有普遍性的语体问题（人类语言"语体不同则语法也不同"的普世原理）。

【思考题】

1. 下面的"语体要素交叉匹配模式图"说明了什么？

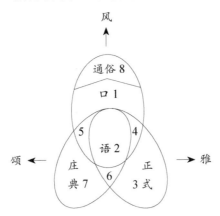

2. 请从交际距离的角度分析下列语言的语体，在横线上填出合适的交际对象。

对 _____ 说：吃饭！睡觉！

对 _____ 说：吃个饭，睡个觉。

对 _____ 说：吃饭吧，睡觉吧。
对 _____ 说：吃吃饭，睡睡觉。
对 _____ 说：吃饭饭，睡觉觉。
对 _____ 说：吃什么饭！睡什么觉！统统加班！

第六章　韵律与文学

我们从前面的章节里看到，语言离不开韵律。人们无论平时说话还是正式讲演，一开口就离不开韵律，更何况人们的艺术语言。这一章我们专门讨论韵律和文学的关系。文学是语言的艺术，语言离不开韵律，所以文学自然也离不开韵律。这只是一般而言，如果讨论特殊的文学体裁，如诗、词、歌、赋等，那里面就不仅是语言的艺术，更是韵律的格式和艺术了。什么样的韵律法则创造了诗、词、歌、赋？换言之，诗、词、歌、赋的格律和口语的韵律有何不同？诗、词、歌、赋彼此之间的格律有何不同？下面我们就讨论文学里面的韵律的几个根本问题。

汉语的诗、词、歌、赋，大家从小就耳熟能详，但是里面包含的有些韵律的根本问题却一直没有解决。前社科院院长胡乔木曾问赵元任[1]：

(1) 赵老，昨天向您提出的问题，因限于时间，说的太简略，很难表达出我为什么要重视这个似乎不那么重要的问题。因此再多说几句，请您原谅。……有一个问题也是我久已思考而未见有人解答的，即中国诗歌何以由《诗经》《楚辞》的偶数字句型为主变成两汉以后的奇数字句型为主？偶数字句诗除辞赋体外，六言诗始终不流行，八言诗根本没有（当然不算新诗），奇数字句诗基本上也只限于五七言（不包括词曲），在民歌中大多数是七言。……四六言

---

[1] 转引自吴宗济（2008）：246–247。

变为五七言的语言学上的原因就比较不清楚。是否古汉语的发展在此期间出现了某种重要变化？

中国社会科学院首任院长胡乔木给赵元任一连串提出了好几个韵律的大问题。其中的奥秘究竟是什么呢？有没有答案呢？我们下面就从诗歌构造的法则、韵律的基本规则、规则的文学属性等方面，一个一个地来讨论这些千古之谜。

第一节 汉语诗歌构造的韵律条件

如果我们拿汉语和其他语言做对比，我们发现，其他的语言（如英文）没有汉语诸如四言诗、五言诗、六言诗、七言诗这样以三、四、五、六、七个音节为诗行的诗歌形式，也没有像《三字经》那样的儿童启蒙歌谣。为什么我们有四言、五言、七言的诗歌，别的语言很少或没有呢？当然，其他语言不是没有四个音节、五个音节或六个、七个音节的诗句，但那是散见的诗句，而不是诗体。国外的诗歌不是没有根据音节数量组句的诗体，譬如 Celtic 语系中 Welsh 语的诗歌就是由 10+7+7 不同音节的三行诗律规则组成的（第一行十个音节，里面还要有一个停顿）。而汉语的诗行流行由三个、四个、五个、七个音节组成，而且是由固定音节数量的诗行组成诗体。为什么呢？是中国文化太特别吗？显然，这样说不是科学的结论。是因为我们的语言太特别吗？这是近乎事实的回答，但必须有具体原理和操作才能凿实。在前面几章里我们看到：汉语是一种单音节语素、双音节音步的语言，这才是谜底所在。当然，仅凭这两点还不足以解释胡乔木"中国诗歌何以……奇数字句型为主……六言诗始终不流行"的谜团。"单音语素、双音音步"之外还有什么因素在起作用呢？经过多年的研究，我们发现，这里的秘密就在于汉语诗歌"一行两节"的规律。什么是一行两节呢？唐朝的和尚遍照金刚是这样说的：

（2）上二字为一句，下一字为一句：三言。
上二字为一句，下三字为一句：五言。
上四字为一句，下三字为一句：七言。

——《文镜秘府论·天卷》

遍照金刚是根据他那个时代的人读诗的"语感"来说的，他给我们透露出唐代人怎么读诗的"诗感"。遍照金刚的这番话对我们重建古代的"诗律"是非常宝贵的提示。我们可以根据古人的"诗感"用下面的公式表示中国诗歌的节律法则[专业术语是"节律模板"（metrical template）]：

（3）汉语的诗行 = 句 + 句

就是说，一个诗行要由两个"句"组成，不能多，也不能少。什么是"句"呢？根据遍照金刚的说法，"句"指的是五言里面的 2 和 3、七言里面的 4 和 3。换言之，"明月几时有"中的"明月"是一句，"几时有"是一句；"无边落木萧萧下"中的"无边落木"是一句，"萧萧下"是一句。"句"可以是两个音节也可以是三个甚至四个音节，那么"句"的韵律属性是什么呢？古人没有韵律学，就像他们发明了火药配方（一硝二磺三木炭）但不是化学一样，遍照金刚的"句"没有韵律的定义，还不是诗律（节律的规律）。那么如何用今天的韵律学解释"句"呢？其实很简单，遍照金刚的"句"就是今天的"节律单位"。我们前面几章谈到，任何语言都有韵律，韵律是靠韵律单位组合而成的。汉语的韵律单位是音步。音步有五种：蜕化音步（单音节）、残音步（包含轻声的双音节）、标准音步（两个音节）、超音步（三个音节）和复合音步（四字格）。这样看来，遍照金刚所谓的"两句一行"诗律，就可用公式表示为：

（4）汉语诗律基本规则（诗歌构造法）
$$\{\{[(\sigma \times 2) \times 2]_f \times 2\} \times 2\}$$

这里的"σ"代表音节。"σ×2"等于两个音节，两个音节是标准音步，因此"σ×2"代表一个标准音步。"[ ]"代表诗行，[ ]里面的"(σ×2)×2"是两个音步，因此一个诗行由两个音步组成。"{ }"代表诗联（由两个诗行组成），"【 】"表示诗节或绝句（由两个诗联组成）。这是汉语诗歌最基本的构造模式。根据这个模式，我们看到汉语诗歌构造法非常简单：两个音节组成一个音步；两个音步组成一个诗行（遵守自然音步的规则）；两个诗行组成一个诗联；两组诗联组成一首绝句。"[ ]"右下角的"f"代表"自然音步"。就是说，无论音步还是诗行，都要按照自然音步的规则组织成行。

毫无疑问，这个模式制造出来的是四言诗歌，而不是三言、五言和七言，因为这里构造诗行的"砖石"一律是"双音节音步"。需要强调的是，这是汉语诗歌构造的 H_2O——汉语诗歌的主架；三言、五言、七言的诗句是在这个主架基础之上、因其他因素参与后而派生出来的结果。那么是什么因素呢？这就是音步的类型（标准音步、超音步等）和音步的组合方向（是否是自然音步组合方向）。前面说过，汉语的音步类型还有三音节的大音步和四字格类的复合音步；而无论哪种类型都一律按照自然音步从左往右组合而成（亦即"f"的作用），如下所示：

(5a) σ σ σ　　　　　　　　　　三言

(5b) σ σ　σ σ　　　　　　　　四言

(5c) σ σ　σ σ σ　　　　　　　五言

(5d) σ σ　σ σ　σ σ　　　　　　六言

(5e) σ σ　σ σ　σ σ σ　　　　　七言

自然音步不但解释了为什么诗行的奇数字音步都在最后的原因，更重要的是，如果当时语言中有三音节音步出现，那么它就在诗律基本规则制约下形成 2+3 的诗句（而不会是 3+2）；如果当时的语言出现四字格，那么四字组就在诗律基本规则的作用下形成 4+3 的诗句（而不会是 3+4、2+2+2 和 2+4，不受欢迎的原因如下）。这就是汉语"两步一行、两行一联、两联一绝"的诗律的由来。启功先生曾指出："绝句的'绝'字是数量概念，四句是一般诗篇起码句数……八句律诗的声律，实是两个四句律调重叠组成的。"（《汉语现象论丛》172 页）。启功已然发现绝句（成诗最小限度的句数）先于律诗的现象，而之所以这样，正是上面"诗歌构造法"的原理所致。事实上，从庾信的《重别周尚书》、隋无名氏的《送别》（杨柳青青着地垂）以及谢朓的《同王主簿有所思》等诗来看，"绝句是早在律诗之前就出现了的"（林庚 1957：260）。这不仅印证了上面的结论，同时也是诗歌韵律分析的必然结果。结果证明预测，预测核实理论，由此可见，汉语的诗歌以最基本、最小的单位为最佳形式——它把最小的当作最基本的，把最基本的当作最佳的，于是有了下面的规则：[1]

（6a）最基本的音步 = 两 / 三个音节
（6b）最基本的诗行 = 两个音步
（6c）最基本的诗联 = 两个诗行
（6d）最基本的诗节 = 两个诗联
（6e）最基本的律诗 = 两个绝句

反过来说，汉语的标准诗法是：单音不成步、单步不成行、单行不成诗。这并不是说其他的形式不存在，只是说其他的形式不像

---

[1] 这就是说，"单步诗"（monometer）理论上是不存在的，而现实中所谓的单步诗，如 Robert Herrick "*Upon His Departure Hence*"（罗伯特·赫里克《在他离开时》）也有非单步的不同分析，参端木三（2016）《音步与重音》。

标准形式或基本形式那样独受青睐、丰富能产而已。

有了上面的理论框架，我们可以尝试回答胡乔木的问题了：

（1）中国诗歌何以由《诗经》《楚辞》的偶数字句型为主变成两汉以后的奇数字句型为主？五言诗、七言诗为什么到了东汉以后才出现呢？

因为三音节音步到了东汉的时候才发展成熟（参冯胜利2005、胡敕瑞2002）。如果先秦没有三音节的音步参与，那么先秦的诗歌制造法，只生产四言诗。这并不意味着先秦没有其他言数的诗句，只是说它们是不合规格的诗行，不标准、不成体、不流行而已。

（2）为什么"偶数字句诗除辞赋体外，六言诗始终不流行，八言诗根本没有（新诗当然不算）"呢？

因为如果按照音节组合规则，即（a）每行必须至少有两个音步或韵律单位、（b）音步组合必须遵从自然音步，那么这两条规则的互动结果不可能产生六言和八言。为什么？试比较：

（7a）六个音节：σ σ σ＋σ σ σ

＝符合一行两个单位，但违背自然音步（且可为两行"三言"）

（7b）六个音节：σ σ σ σ σ σ

＝符合自然音步，但违背一行两个单位

（7c）八个音节：σ σ σ σ σ σ σ σ

＝符合自然音步，但违背一行两个单位

（7d）八个音节：σ σ σ σ＃σ σ σ σ

＝符合自然音步，但可为两行"四言"

从上面的分析中可以看出六言诗为什么始终不流行的道理，也可以看出八言诗根本没有的原因。那么为什么六言（或者八言）的句子可以在"辞赋体"中出现呢？原因就在于，它们虽然违背了诗句的韵律要求，但恰好符合了文句（散文句式）的韵律格式。辞赋的韵律原理正是"诗律+文律"或者"齐整律+长短律"（见下文）的艺术产品。

（3）四言变为五言、七言的语言学上的原因是什么？

我们认为，先秦的四言变为两汉以后的五言、七言的语言学上的原因是韵律。为什么汉代以前的韵律和汉代以后的韵律不一样呢？胡乔木提出疑问说"是否古汉语的发展在此期间出现了某种重要变化"，回答是肯定的。我们现在知道汉语的韵律从上古的单音节音步变成了后代的双音节音步（参 Feng 2015），这是韵律类型上的一个类型性的变化。诗歌句式的变化是这一类型变化的表现之一。

为了更好地理解韵律和文学的关系，下面介绍几个韵律文学上重要的规则。

第二节　齐整律

我们在前面的章节里看到，音乐离不开旋律，旋律的本质是重复，重复的倍数和大小，因情因景而不同。诗律的齐整律，就是从人们说话的语流中提炼出来的一种基本的节律形式。

齐整律（或曰"回旋律"）并不限于行与行之间的齐整（即每一行都有相同数量的音节）。齐整律实现的方式可以是行间的呼应、也可以是联间的回旋，还可以是段间的反复（当然，呼应的二者不能过远）[1]。因此，齐整律与平衡律不同。然而，由于汉语的特点，汉语诗律可以从最小的单位，一级一级地重复，一直排列到最大的单位。根据这样的理解，我们将齐整律定义如下：

（8）齐整律（诗歌第一要律），即提炼口语的语音/节律而形成的齐整有序的话语回旋形式。

诗之所以为诗的因素有很多（意境上的、句法上的等），而其形式的本质是节律上的齐整。汉语诗歌上的齐整律非常明显。譬如：

（9a）二言诗：断竹，续竹；飞土，逐肉。——《弹歌》
（9b）三言诗：狡兔死，走狗烹；飞鸟尽，良弓藏；敌国破，谋臣亡。——《汉书》
（9c）四言诗：关关雎鸠，在河之洲；窈窕淑女，君子好逑。——《诗经》
（9d）五言诗：少壮不努力，老大徒伤悲。——《古诗十九首》
（9e）六言诗：柳叶鸣蜩绿暗，荷花落日红酣；三十六陂春水，白头相见江南。——王安石《题西太一宫壁》
（9f）七言诗：清明时节雨纷纷，路上行人欲断魂。借问酒家何处有，牧童遥指杏花村。——杜牧《清明》

这里要特别提出注意的是：诗歌没有齐整律就失去了它的音乐美，也就很难成诗（新诗除外）。

---

[1] 多远为远，是一个有待研究的大问题。这里提出这个问题，留待将来的研究。

第三节 长短律

长短律是文学韵律中的另一大规则。什么是长短律？我们从一个古老的故事里可见一斑。传说欧阳修刚开始在一篇文章中写的是"仕宦至将相，富贵归故乡"两句，但文章送出去后，他总觉得不对味，便立刻快马追回，改作"仕宦而至将相，富贵而归故乡"。他为什么要在五言的 2 + 3（[仕宦][至将相]）律句之间加一个虚词呢？这给了我们很多韵律诗体规律的启示。其中之一就是为什么会这样呢？从今天的韵律理论来看，这个虚字非同小可，目的就在于打破"五言律句"[(仕宦)(至将相)]的齐整性，使之成为一个"一行多步（音步）"的"长短律文句"：[仕宦][而至][将相]。[1] 因此前人说这里 2 + 3 式五言格律给人一种"韵短而节促"之感，"其病近于窒"；加上一个"而"字后则"节缓而气通"了。就是说，欧阳修修改的不是表面加了一个虚词，而是把原来的"诗律"（poetic prosody）改为了文律（prosaic prosody）。"长短律"是文律，它的韵律特点是"文"（口语性）而非"诗"（歌唱性），这是它的文学功能。因此，什么是长短律？从根本上说，长短律是与诗歌对立的口语韵律。与诗律对立就是与齐整律对立。我们知道，人们口头说话的时候，句子长短不一，参差不齐，口语"言谈性"的韵律特征就是"长短律"。顾名思义，它是一种有长有短、大小不一的韵律形式。其定义如下：

（10）长短律（口语节律的基本特征），即根据口语中的自然节律而形成的话语形式。

---

[1] 这里有两点知识需要提醒一下。第一，为什么加了"而"以后不是（仕宦）而（至将相）的节律呢？这跟古文要"哼"有关（参第六章），就是说这里的"而"要在节律上起作用，否则还是五言诗的变体。第二，如果这里两句都添加了虚词"而"，那么它们仍然是齐整的，为什么说是长短律呢？这就是六言三个音步的"文律"属性在起作用。我们将在第六章中专门讨论。

无论古代的文献还是现代的话语录音,我们都可以看到口头话语长短律的特点。譬如《论语·侍坐》里面有一段记载曾点的话:"春服既成,冠者五六人,童子六七人,浴乎沂,风乎舞雩,咏而归。"这段话一共有六个语句,句子音节的长度参差不齐,按照先后的顺序,每个句子的音节数量分别是:4,5,5,3,4,3,这是比较典型的口语韵律。长短律在口语里非常自然,把它提炼出来变成文学手段,就成了艺术。在古代文学史上,为了反对六朝以来的骈俪之风,韩愈把长短律的效能几乎推到了极点。比如下例:

(11) 今夫
　　平居里巷相慕悦,酒食游戏相征逐,
　　诩诩强笑语以相取下。
　　握手出肺肝相示,指天日泣涕,誓生死不相背负。
　　真若可信。
　　一旦临小利害,仅如毛发比;反眼若不相识。
　　落陷阱不一引手救,反挤之又下石焉者……
　　皆是也。《柳子厚墓志铭》

在短短"今夫……者"三字套语之间,韩愈竟嵌入了整整12个句子,这可是前无古人地把长短律推到了登峰造极的地步。前面我们说过,齐整律实现的方法多种多样,长短律也不例外。实现长短律韵律特征的手段,主要包括下面几种:

(12) 长短律的韵律特征:
　　① 字数不等[1],

---

[1] 按,所谓"文起八代之衰"实即极尽"长短律"的文体之功。

② 轻重不一[1]，
③ 缓急有差[2]，
④ 虚实相间[3]，
⑤ 骈散交替[4]，
⑥ 没有格律[5]。

虽然上面的各种类型均可顾名思义，一目了然，我们仍需从具体例子上来检验什么是"长短律"的文学效应。先读下面这首诗：

（13）清明时节雨纷纷，路上行人欲断魂。
　　　借问酒家何处有，牧童遥指杏花村。　　——齐整律

这是齐整律的产物，是 4+3 格律的重复。什么是长短律呢？再读下面的文字：

---

1 按，"轻重不一"既见于词汇平面（古代的如"仆"和"不榖"，现在的如"您圣明"和"天子圣明"中"圣明"的不同）；亦可见于熟语层面[如商周的"唯黍年受"（《甲骨文合集·9988》）及春秋"唯余马首是瞻"（《左传·襄公十四年》）类焦点轻重式]；更见于句子层面[譬如："(帝~)(高阳之苗裔)[兮#](朕~)(皇考曰伯庸)"]。

2 按，欧阳修曾写作"仕宦至将相，富贵归故乡"一句，后改作"仕宦而至将相，富贵而归故乡"。前者"韵短而节促，其病近于窒"，后者加一"而"字，则节缓而气通。何以然尔？以今观之，后者舒缓在于破"五言律句"[(仕宦)(至将相)]为"长短文句"[(仕宦)(而至)(将相)]。此长短律之功也。

3 按，实字音足，虚词轻短。散语虚词功在顺气（悲哉！此秋声也，胡为乎来哉？——《秋声赋》），诗歌虚词则用为填衬（置之河之干兮，河水清且涟漪。——《伐檀》）。前人说："实字求义理，虚字审精神。"精辟之极！然而，以今观之，虚字的精神正是长短律的筋脉所畅。

4 按，语体散文不避齐整，诗歌词赋也不免长短，此汉语内在规则使然，本不关文体也（冯胜利 2000）。因此，虽然诗主齐整而不妨散体用骈，而骈散有度亦即长短参差之律也。

5 注意：没有格律不等于没有节律。

(14) 清明时节雨,纷纷路上行人,欲断魂。
借问酒家何处,有牧童,遥指杏花村。　　——长短律

原来诗的字数一个没有少,但断句不同了。改写以后的句子违背了"齐整律":第一行五个字,第二行六个字,第三行三个字;下面三行分别是六言、三言和五言的组配,句子长短不一。当然,要准确地分析出其中哪些地方是轻重不一、哪些地方是缓急有差、哪些地方是虚实相间、哪些地方是骈散交替以及什么是没有格律等,就不是一件容易的事情了。这不仅要有敏锐的韵律语感,而且要经过严格的专业训练才能准确无误地回答上面的问题。然而有一条很清楚,无论是否经过专业的训练,凡是中国人都知道:改造的结果不是"诗"而是"词",因为每个人都有韵律语法的直感。这就给我们一个重要启示:诗和词的韵律结构是不同的。那么它们不同的根本在哪儿呢?简言之,即诗行遵照齐整律、词法遵从长短律。这就是为什么"词"也叫"长短句"的原因所在。根据这个道理,我们可以用这两个节律特征来区分诗、词、赋(骈文)的文体差异。比较:

表1　诗、词、骈文"齐整"和"长短"两极特征分析举例

韵律规则		文体		
节律	词汇、短语	词	骈文	诗(律诗)
齐整律	行间	−	−	+
	联间	−	+	+
	段间	+	+	+
	篇间		+	+
长短律	字数	+	+	−
	虚词	+		− / +
	句型	+	−	−

当然,比较的方法有很多,譬如句法、词法或内容上的不同,

但这里我们讨论的是节律格式及其文体功能之间的差异和由此建立的比较方法。

第四节 悬差律

韵律文体学中的另一个重要规则是"悬差律"。什么是悬差律？比较一下下面两组的四字形式可以见其大概：

（15a）尼加拉瓜、郑重其事
（15b）噼里啪啦、吊儿郎当

北京人（或说普通话的人）凭自己的语感就可以知道（a）（b）两组的重音格式是不同的。经过专业训练的人很容易对它们进行韵律的分析：（a）组的四个字的重音格式是［1324］（数字大代表重音的强度高）；（b）组四个字的重音格式是［3124］。如果要问［1324］和［3124］表达的意义有什么不同，大家可以凭自己的语感得出下面的结论：［1324］是成语的重音格式；［3124］是俗语的格式。就是说，（a）（b）两组代表了两种节律、两种风格。具体来说，即：

（16a）尼加拉瓜、守株待兔、郑重其事、一丝不苟
　　　　［1324］抑扬＋抑扬 ＝ 正式语体

（16b）噼里啪啦、吊儿郎当、稀里糊涂、马里马虎
　　　　［3124］扬抑＋抑扬 ＝ 便俗语体

如果我们再进一步追问，这两种语体风格的节律属性是什么？我们会发现，前者（如"郑重其事"）是"轻重＋轻重"或"抑扬＋抑扬"，是同一轻重格式的重复，所以给人以平稳庄重的感觉，叫

作"平稳律";但后者则不然(如"噼里啪啦"),它是"重轻＋轻重"或"扬抑＋抑扬"的格式,而其中"噼里"的"里"是轻声,给人一种轻重悬殊、落差凸显的感觉,所以叫作"悬差律"。平稳律的语体特征是"典正"(典雅、正式),悬差律的语体特征是"轻谐"(轻快、谐俗)。

悬差律可以从音、义之间的对应关系上,表现文学语言的规律。悬差律揭示的是韵律结构(或声音)自身的表意属性。[1] 当然,这种说法首先是对语言学传统观点的一种挑战。自索绪尔以来,语言学家都认为声音本身是没有意义的,声音和意义的结合是任意的、偶然的。这没有错,否则我们无法解释为什么英国的狗叫"dog"而古代中国的狗叫"犬"。然而,是不是所有的声音都没有意义呢?意义是不是除了概念以外就没有别的内容了呢?显然不是。譬如说话时的"语调"和"口气"就包含着丰富的内容(感情、态度等等)。说"好"的时候用拖腔还是用顿语、用高声还是用低调、用粗气还是用细语、用缓慢的口吻还是用急促的语气,其效果和意义是不一样的。显然,人们可以用控制声带和气流大小的办法来表达不同的"情态意义",最典型的例子就是前面看到的"噼里啪啦"的轻重格式(3124)和"守株待兔"的成语格式(1324)之间的显著不同。用"噼里啪啦"的重音格式来读"尼加拉瓜"这种国家的名称,必然显得"随便调侃"而有失身份。为什么呢?因为韵律本身包含着意义,具体来说就是悬差律的作用。什么是悬差律?其定义如下:

---

[1] Paul Fussell (1979: 3) 说:"Ezra Pound 早在1915年就坚持'节奏一定有意义'的信念。他是正确的。诗歌的实验研究将让我们确信:节拍是诗歌意义最原始的物质和感情的单位。"

（17）悬差律[1]，即如果轻重的比差过于悬殊，其音律结构则富有诙谐的含义。

就是说，悬差律不仅是一种节律形式，而且富有诙谐的含义和效果。悬差律的使用在汉语里非常广泛，以往人们还没有充分注意到它的存在和功能。比较：

（18）泡蘑菇：消极怠工
　　　撒丫子：闻风而逃
　　　戴高帽：阿谀奉承
　　　稀里糊涂：心不在焉
　　　吊儿郎当：漫不经心

虽然"泡蘑菇"和"消极怠工"的意思差不多，但语言敏锐的人都能体会到，二者所表达的语体风格迥然不同：前者是口语形式，带有诙谐的味道；后者是正式的说法，承载严肃的语调。从韵律上分析，前者是1+2，轻重悬殊；后者是2+2，左右平衡。平衡的显庄重，悬差的寓诙谐。这就是悬差律所暗示的功能所在。再比较：

（19a）清明时节雨纷纷，路上行人欲断魂。
　　　　借问酒家何处有，牧童遥指杏花村。

（19b）清明节，雨纷纷，路上人，欲断魂。
　　　　问酒家，何处有，牧童指，杏花村。

不言而喻，把杜牧原来的七言《清明》改写成三言以后，内容

---

[1] 松浦友久（1995：89）把含有滑稽、谐谑感的节律归为"节奏的不稳定性"（89页）。然而，悬差不一定不稳（参例27），但悬差产生诙谐。所以"不稳定"恐怕不是诙谐的本质特征。

虽然没有大的变化，但是节律却让人肃穆不起来了。正因如此，汉语的三言更多用在下面的语境里[1]：

(20) 小胖子，坐门墩，哭着喊着，要媳妇儿。
　　　狼来了，虎来了，和尚背着个鼓来了。
　　　哪儿藏，庙里藏，一藏藏出个小二郎。
　　　打竹板，迈大步，眼前来到了棺材铺。

上面诗歌里的那种游戏、调侃和诙谐的味道，正是从节律的"悬差"而来。由此看来，悬差律的表意功能不仅应当引起韵律学家的重视，更应该引起文学研究者的注意，因为它是文学家用来表情达意、创造艺术的重要手段。

更有意思的是，悬差律不仅在汉语中表现得非常突出，在其他语言里，它同样无所不在。譬如英文的五行打油诗（Limerick）：

(21) ① w s | w w s | w w s | w　　There was/a young la/dy of Ni/ger
　　 ② w s | w w s | w w s | w　　Who smiled/as she rode/on a ti/ger
　　 ③ 　　　 w w s | w w s |　　　they returned/from the ride
　　 ④ 　　　 w w s | w w s |　　　with the la/dy inside
　　 ⑤ w w s | w w s | w w s | w (And) the smile/on the face/of the ti/ger.

w 代表"weak"轻，s 代表"strong"重。上面每行中 /w w s/ 型二轻一重的节律，含有明显的诙谐意味，正如 Laurence Perrine（1963）所说："那些轻快诱人的节奏及其强调性韵脚，使得它只

---

[1] 这并不意味着所有的三言格式都表达同样的文学效果（三言其他的文学效能，参冯胜利 2009）。

用于幽默和逗笑的场合……而不适用于表达严肃的内容。"[1] 这是悬差律在英文中的表现。

日文也是如此。松浦久友(1995：92)说："（五七五）这种不稳定的矛盾的节奏感，作为节奏本身，通常容易产生一种滑稽味道、谐谑味道。"譬如：

（22）腰酸腿亦麻
　　　他乡客舍暂为家
　　　正好看藤花——松尾芭蕉

总之，悬差律的发现不仅帮助我们了解了韵律和文体的关系，同时还可以帮助我们解释文学史上一些不容易解决的疑难问题。譬如"为什么三言不成诗""为什么六言也不成诗"。根据悬差律，我们改为，三言不成诗，因为它节律上2：1的轻重对比悬差太大。如果悬差律本身带有诙谐性的特征，那么三言不是不能成诗，只是出来的产品缺乏庄典性。事实上，三言的诗歌很像顺口溜，所以不适于特别庄严肃穆的场合。正因如此，《三字经》是寓教于乐的儿童教材，属于"趣味教育"而不是"庄典文献"。顺此而推，六言所以不成诗的道理也变得显而易见：因为六言要么是2+2+2，要么是3+3；前者违背了汉语诗歌"一行两句"的构造法，是文律而非诗律；后者则是两组悬差律的合并，只便于表达诙谐意味，而不宜庄重。

---

[1] 原文是："The limerick form is used exclusively for humorous and nonsense verse, for which, with its swift catchy meter, its short lines and emphatic rimes, it is particularly suitable. ...The limerick form is apparently inappropriate for the serious treatment of serious material."

第五节 机制互动的文学效应

我们在第五章介绍了语体理论,本章又介绍了"诗歌构造法"和"节律的文学性",现在我们可以把它们综合起来对语言和文学进行更深、更广的"勘测工作"了。理论就像工具,语体理论和韵律理论这两个工具可以帮助我们从新的角度分析文学。请看下图:

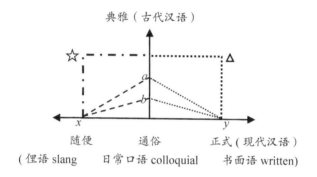

图1 语体二元对立交叉配制图(冯胜利2011)

其中的☆、x-a 和 x-b 居于"典雅–随便"域;而△、y-a 和 y-b 则在"典雅–正式"域。换言之,图中"中轴"左边的任何一"点"都是典雅域和随便域的组合、右边的任何一"点"都是典雅域和正式域的结果。这里"☆"的位置代表了[极典雅+极随便]两个语体的配制结果。这是理论上的预测,文学历史现实中有这样的作品吗?我们发现元代兰楚芳的《南吕四块玉·风情》可以作为这种文体的代表:

(23)我事事村,他般般丑。丑则丑、村则村、意相投。则为他丑心儿真,博得我村情儿厚。似这般丑眷属,村配偶,只应天上有。意思儿真,心肠儿顺,只争个口角头不图圆。怕人知、羞人说、嗔人问。不见后又嗔,得见后又忖,多敢死后肯。

再如元代白朴的《中吕喜春来·题情》也是"俗事雅说"的作品：

（24）从来好事天生俭，自古瓜儿苦后甜。你娘催逼紧拘钳，甚是严，越间阻，越情欢。笑将红袖遮银烛，不放才郎夜读书，相偎相抱取欢娱，止不过迭应举，及第待何如！

上面"俗事雅说"的作品可以算作一种"雅＋俗"的艺术配制。有了上面的语体组配理论，这种配制方式能有多少种结果、每种结果的"雅＋俗"度是多少等等，就都成了将来可以深入研究的新课题。重要的是，有了韵律语体、韵律文学的理论体系，我们就有了一个新的工具和窗口，它们可以帮助我们观察和发现更多、更复杂的文学"配制品"。譬如，我们现在可以就回答"☆"这一点上的文学作品在现实中是否存在的问题，并借此深化"[极典雅＋极随便]"带来的理论问题。就是说，[极典雅＋极随便]这两个对立语体的组配在理论上是允许的，问题是现实中能不能产生、产生了与否、产生的动机和效果等等。

进言之，什么样的语言交际形式（包括文体/文类）使用这种配方？在没有语体理论以前，没有人会问这种问题。然而，这些都是真正的学术问题，是极其深刻的、有意义的、跨学科的大问题。这就是我们上面说的"理论勘测"的效果：理论可以帮助我们勘测和开辟新的研究课题、领域甚至学科。顺此而推，我们不难"隅反"更多的"勘测可能"。譬如（可能勘测点举隅）：

a）$y\text{-}a$ 点典雅度的文章/话语形式存在吗？什么样的文体（交际形式）使用这种配制？

b）$y\text{-}b$ 点典雅度的文章/话语形式存在吗？什么样的文体（交际形式）使用这种配制？

c）△点上的[极典雅＋极正式]文章/话语形式存在吗？（按，告神祭天文体或许使用这种配制原则）

d) x-a 点典雅度的文章/话语形式存在吗？什么样的文体（交际形式）使用这种配制？

e) x-b 点典雅度的文章/话语形式存在吗？什么样的文体（交际形式）使用这种配制？

有了语体理论做支架，我们不仅可以探测上述诸种问题，而且还可以进一步考虑构建"语体配制学"的可能，因为在图1所示这个语体坐标系中，左区域和右区域中的任何一点都有可能导致现实结果。什么现实结果呢？可以从理论和实践上进行双向求证，这就是其中学理预示的最有学术理趣的地方。

理论推演的学趣还不止于此。一向所说的文体，如论说文、说明文等等，现在我们可以尝试从语体配制法的角度，研究每一文体配制的要素和剂量，检验它们的配置过程、测量它们的配制结果（亦即 [± 正式] 和 [± 典雅] 成分在一篇文章中的比例），分析文中语体成分的级别、分布和比率，最后推算出各类文体的不同配方。举例而言，"△"位置是 [极典雅 + 极正式] 两种语体的交叉点。现实中也可以找出这一点上的"配制品"，抗战时期中国共产党（《祭黄帝文》（朱德、毛泽东）就堪称其例：

（25）赫赫始祖，吾华肇造，胄衍祀绵，岳峨河浩。聪明睿知，光被遐荒，建此伟业，雄立东方。世变沧桑，中更蹉跌；越数千年，强邻蔑德。琉台不守，三韩为墟，辽海燕冀，汉奸何多！以地事敌，敌欲岂足，人执笞绳，我为奴辱。懿维我祖，命世之英；涿鹿奋战，区宇以宁。岂其苗裔，不武如斯，泱泱大国，让其沦胥？东等不才，剑履俱奋，万里崎岖，为国效命。频年苦斗，备历险夷，匈奴未灭，何以为家。各党各界，团结坚固，不论军民，不分贫富。民族阵线，救国良方，四万万众，坚决抵抗。民主共和，改革内政，亿兆一心，战则必胜。还我河山，卫我国权；此物此志，永矢勿谖。经武整军，昭告列祖，实鉴临之，皇天后土。尚飨！

这既不是口语体，也不是正式体，而是文言庄典体。令人兴奋的是，清朝李渔早就观察到"雅俗"的配制和文体不同的对应性。他说："诗之腔调宜古雅，曲之腔调宜近俗，词之腔调则在雅俗相合之间。"把他的说法图解一下就是：

（26）不同文体 { 诗之腔调　宜古雅 / 曲之腔调　宜近俗 / 词之腔调　则在雅俗相合之间 } 不同语体

明代戏曲家王骥德也说：

（27）"诗不如词，词不如曲，故是渐近人情。……而曲则惟吾意之欲至，口之欲宣，纵横出入，无之而无不可也。故吾谓：快人情者，要毋过于曲也。"（《曲律·杂论下》）

不难想象，诗、词、曲这三种文学体裁可以用第五章里面介绍的"二元对立、三维分体、交叉互用"的语体配制理论来分析，还可以用本章介绍的"齐整、长短、悬差"的节律来分析；两相结合更可见出它们的本质和区别。亦即：

表 2　诗、词、曲的节律、语体分析

语言		文体		
节律	词语	诗	词	曲
齐整律	行间	＋	－	－
	联间	＋	－	－
	绝句	＋	－/＋	－＋
	篇间	＋	＋	＋

续表

长短律	行间	−	+	+
	虚词	−/+	+/−	+
	阕	−	+	−
悬差律	字数	−	−	+
	行数	−	+/−	+
	虚词	−	+	++

事实上，不仅文学文体可以用语体成分来分析，就是常用文体也可以尝试用这样的方法来分析、测量。譬如：

（28）

		文体			
		小说	诗歌	政论	说明
语体	正式	−	−	+	−
	典雅	−	+	+/−	−/+

注意，语体和节律的特征从理论上讲是相对的，因此它们和语音上的特征（如送气不送气）可以从声学物理的角度来描写不同。尽管如此，我们仍然可以通过这些特征（正式、非正式；齐整、长短）来描写、说明和分析语言现象和文学文体，有望将来得出越来越具体而精确的要素，从而可以用数理的手段进行计算。

综上所述，齐整律、长短律、悬差律以及汉语诗歌的构造法，都是韵律文体学元理论中的基本规律。这些规律的整合与发现，不仅为我们奠定了韵律文体学的理论基础，丰富了我们对韵律文体的认识，而且直接帮助我们解答了历史上的一些疑难问题。譬如，我们知道"语言里的音乐特质，形成文学上形态自然的变迁"，而且"（语言）活力之寄托又是声音特质的运用"，那么韵律文体学的建立正是魏建功（年代）所谓"从语言的音乐特质（亦即韵律）来研究文学形态的变迁（文体演变的规律）"。我们研究文体就是要"知道它（汉语）曾发展过什么样的诗"，而韵律文体学就是要通过萨丕尔（年代）所谓"仔细研究一种语言的语音（韵律）系统，特别是它的动力特点"，来了解汉语的诗文历史。韵律文体学是以当代韵律构词学和韵律句法学的理论为基础，来探索中国文学史上文体形成与发展的内在机制，努力为文学史的研究提供一种语言学的方法与工具。

【思考题】

1. 三言格式都具有雷同的"诙谐"效果吗？（参冯胜利（2009）有关三言其他的文学效能）
2. 根据本章的理论，具体分析《三字经》的风格。
3. 你能用什么例证说明齐整律不能用于口语或叙述。（提示：中国二十四史的文体）
4. 分析下面《快嘴李翠莲》所用"齐整律"描写的日常对话：

【三言＋七言】"公休怨，婆休怨，伯伯、姆姆都休劝。丈夫不必苦留恋，大家各自寻方便。快将纸墨和笔砚，写了休书随我便。【五言】不曾殴公婆，不曾骂亲眷，不曾欺丈夫，不曾打良善，不曾走东家，不曾西邻串，不曾偷人财，不曾被人骗，不曾说张三，不与李四乱。【七言】不盗不妒与不淫，身无恶疾能书算，亲操井臼与庖厨，纺织桑麻拈针线。今朝随你写休书，搬去妆奁莫要怨，手印缝中七个字：'永不相逢不见面'。恩爱绝，情意断，多写几个弘誓愿。鬼门关上若相逢，别转了脸儿不厮见！"

第七章 结束语

—— 理论、方法与素质

汉语的韵律语法是近二十年来发展出来的一门新兴学科。二十年来它丰富和发展了汉语语言学，而其中最大的一个亮点就是汉语自然音步的发现。如本书第二章中"音步"一节所示，自然音步的操作是从左向右 1+1 依次组合成单位，因此结果是 2+2+2……的节律。三个字的"皮鞋厂"是 2+1，是自然音步的结果，而 1+2 的"开玩笑"则是反自然音步的结果；前者是词，后者是短语。短语的节律无论是 1+2 还是 2+1 都可以，但构词（指"名词＋名词"）主要采用 2+1。音步的自然与否和语法相关。音步的标准形式是两个音节（两个标准语素或两个字）。标准音步既是韵律单位，又是语法单位，在汉语语法中占有重要的地位，我们称之为韵律的形态功能。汉语中的韵律形态功能非常突出，如用"重叠"的方法表示"每一"的意思时，"天天"可以，"人人"可以，但"每公斤"就不能说成"*公斤公斤"，"每一箩筐"也不能说成"*箩筐箩筐"。"*公斤公斤"也是重叠，没有违反构词法，可是超过两个音节的重叠就不能接受。学习韵律语法一定要区分什么是构词法，什么是韵律制约。构词法不能告诉我们为什么单音节的词（天、斤、筐）可以重叠，而两个音节的词（如"星期、公斤、箩筐"）就不能重叠。英文也如此，big→bigger, small→smaller 的构词法规则是"[形容词+er] → 形容词的比较级"。但是根据这条构词法则，我们造出的 beautiful→*beautifuler 和 difficult→*difficulter 都不合法。英文里多音节形容词的比较级必须用短语形式说成 more+adjective（亦即 more beautiful, more difficult）才能接受。这也是构词法受到韵律的限制，其规则可以概括成"加 er 的形容词词根最大不能大于两个音节（这里是粗略地概括，细分还要考虑重音）"。

汉语里双音节的作用和效应几乎无所不在，但是我们这本《韵律语法教程》关心的不仅是韵律控制句法和词法的现象，我们更强调其中的原理，譬如为什么汉语的合成词大多是两个音节？为什么两个音节的作用如此之大？现在我们知道，因为两个音节是一个标准韵律单位。这个标准韵律单位在韵律构词法中叫作"标准韵律模板"。韵律模板具有"构态"的作用，就如同英文的 -ing，既可以标记进行时（he is eating = 正在吃饭），也可以标记动名词（Eating triggers a chain reaction in your brain that redirects blood flow）。汉语的双音模板也不例外，它也有不同的语法功能——既可以"别义"（即区别词义，如双音节的"家庭"不同于单音节的"家"的意义），也可以"别性"（即区别词性，如动名词必双，因此"* 教材的编"不合法）。双音节模板和 ing 有类似的语法功能，前者叫作超音段形态，后者叫作音段形态。超音段形态是韵律构词学发现的新型的语法规律，在普通语言学上，这恐怕还是第一次。

双音节不仅在韵律构词法里有形态的作用（王丽娟《汉语的韵律形态》），在韵律句法学里也有制约句法的作用（裴雨来《汉语的韵律词》和洪爽《汉语的最小词》）。我们在前面几章里虽然看到过"负责这项工作"能说而"* 负责任这项工作"不能说的例子，但是它的复杂度还远远不是前面几章所谈到的韵律合法与否的问题。这里我们做一个综合考察。先从句法上看，"负 + 责"是动宾结构，"负责 + 这项工作"中的"这项工作"是宾语，所以"负责"是动词。同理，在"* 负责任 + 这项工作"中，"这项工作"是"负责任"的宾语，但是该句不合法。不合法，说明"负责任"不能做动词。为什么呢？因为句法要求 [动 + 宾] 必须是一个单位（一个词或一个 V^0）才可以带宾语。"负 + 责"可以带宾语，说明"负责"是一个 V^0 词单位；但"负责任"不能带外宾语，说明它不是一个 V^0 词单位，而是一个动宾短语。动宾短语不能带宾语，如"[$_s$ 我 [吃饭]$_v$ 面条]$_{vp}$"不合法，这是句法的要求。这里是区分"哪些是句法要求、哪些是韵律要求"的问题。分清句法与韵律以后，我们首先探讨一个句法问题：为什么 [负 + 责]_{动宾} 和 [负 + 责任]_{动宾} 同是动宾结构，但前者可以再带宾语，后者就不可以？这时候我们才看出韵律的作用：前者是两个音节的动宾，后者是三个音节的动宾。两个音节和三个音节有区别吗？这才是韵律的问题。韵律语法的回答是：不但有区别，而且是天壤之别——韵律要求双音节是一个最小的节律单位（一个音步），因为它可以满足双分支的要求（分支的要求来源于相对轻重原则）。如果两个音节是一个标准的韵律单位的话，那么只有"负责"而不是"负责任"才具备这个最小韵律单位的要求。

这样看来，句法上的单位（一个 V^0）必须尊重韵律上的"单位（两个音节），否则句子不合法。就是说，汉语的句子必须同时满足两个要求，即（1）句法关于单位的要求（一个词），（2）韵律关于单位的要求（一个韵律词）。如果违背其中任何一个，都不合法。[1] 从这里我们再继续推演，就不难得出"动宾变成一个单位必须是两个音节"的结论，而且可以推出"大于两个音节的动宾（负 + 责任）都不能带外宾语"的事实，最后推出"双音节的动宾才能成词"的韵律机制。这是我们所谓韵律语法发展情况的第一个方面。

在现代汉语语法里，"超过两个音节的动宾形式不能带外宾语"这一重要事实一直没有引起学者的警觉。不仅没有察觉，当韵律语法学家提出这种现象后，很多句法学家还在疑惑，认为只是尚未找到反例而已。[2] 韵律句法学的起步是非常艰难的，而今天它之所以成功，是依靠科学演绎法的帮助才能透过简单看出复杂、才能化疑惑为确信。例如上面说的"超过两个音节的动宾形式不能带外宾语"这一观察，能不能变成通理（generalization），关系到现象能否升华为规则，规则能否上升为通理，通理能否被用来构建理论的一系

---

1 当然也要满足语义的要求，这是不言而喻的。而事实上，很多语义的限定都是句法的要求，譬如"思想吃了一个蚂蚁窝"不合法，是违背了"吃"的题元结构。

2 作者曾经和 Lisa Cheng 戏赌：一年之内找到反例，则此说不成立。然而数年过去了，至今未见反例。

列复杂的问题。当然，理论一旦建立，就不但可以预测"有"，而且可以判定"无"。"有"和"无"一经证实，就不是个别例外（或反例）所能动摇的了。因此，我们下面的工作必须把"超过两个音节的动宾形式不能带外宾语"的这种观察或趋势[1]，概括成诸如"凡是能带宾语的动宾结构都不能超过两个音节"一类全称判断，才能成为通理。通理必须是"凡……都……"的判断才能成为逻辑命题，才带有规律的性质。具有规律性的通则不仅可以预示"有"（告诉我们应该有什么，因此可以指导我们去考察），同时它还可以预示"无"（告诉我们不可能有什么，因此也要求我们去验定）。韵律构词学和韵律句法学就是根据这种思路建立起来的有机而复杂的系统。在这里，如果我们要总结它的方法论的话，那么所做的无非是根据通理推出事实：

(1) 凡是能外带宾语的动宾结构，都是双音节的 VO；
(2) 凡是超过两个音节的 VOO 形式的后面不会再出现宾语，它们只能造语；
(3) 凡是超过两个音节的复合动词（VV）都不具备 [动-宾] 复合词的能力；
(4) 汉语不存在三个音节的动宾复合词（*[VVO]$_词$ 或 *[VOO]$_词$）；
(5) ……

上面 (1) 指的是"所有带外宾语的动宾动词都不能超过两个音节，因此"有伤害 * 身体"不合法，正是预测的结果。这里的 VO 在韵律上有一种最大 (maximality) 的要求或最大限度（最多音节）：最大的动宾复合词不超过两个音节。上面 (2) 还有一个潜在的预测：VRR 动补形式的后面也不能带宾语，因为 VRR 和 VOO 一样超过两

---

1 如果陷于语言现象的趋势而无力上达通理（似乎现象的趋势就是语言研究的目标），那么不仅无法洞悉趋势的本质，更谈不上理论体系的构创。

个音节。事实证明,这个"预测"也有正"回报":＊打牢固基础、＊摆整齐桌子,都不合法。因此,带宾语的动词(动宾和动补复合词)是有条件的,受音节的限制。(3)从"词"和"短语"区别的角度进行推演,三个音节动宾形式都具有短语的性质,于是导致(4)的预测:汉语没有三个音节的动宾复合词。当然,还有更多的逻辑结论可以推演出来,无论是应该"有"的,还是应该"无"的。这是本章所要综合的第二个方面。

我们看到,"有"和"无"指的是事实上"有"和"没有"的现象。作为一条通理或一个规律,它的学术价值就在于不仅可以"预示有什么",而且还可以预测"没有什么"。显然,这比传统上"发现了趋势就可以满足"的研究方法要深入得多、科学得多,尽管步骤和操作都相对复杂。然而,这是必须的,原因很简单,"趋势"无法证伪,更无法预测"没有什么",因为"趋势"不是规律,"趋势"本身是需要解释的。

事实上,这里说的"复杂"是"深入"。譬如有人会问:根据命题"凡是能带宾语的动宾结构都不能超过两个音节",是否可以推出"两个音节的VO都能带宾语"呢?回答为:"是!"但要区分"能否"和"已否"的不同。首先,这个命题自然能推出"两个音节的动宾都能外带宾语"的结论,但"能带"不等于"带"。"两个音节的动宾允许外带外宾语"不等于"两个音节的动宾都带了宾语",这是两个不同的问题。我们要看定义的内涵能不能推衍出其他的次命题来,如果推衍不出来,就不在预测的范围之内。譬如,"服务"是动宾结构的双音节动词,虽然我们不说"＊服务爸爸""＊服务你",但可以说"服务祖国"。"服务"是两个音节的动词,韵律上允准带外宾语,但在句法上能否带上宾语,则不是韵律问题。"服务祖国"是轻动词句法运作产生的结果,是使用中经过"习语化"(idiomtization)才能携带外宾语(Feng

2015）。[1] 因此，韵律问题、句法问题、语用问题各有各的"辖域"和规律，它们可以相互作用，但彼此不同，不能混淆。这是我们综合考察的第三方面。

有人会问："*负责任这项工作""*打牢固基础"中的"负责任""打牢固"所以不能带宾语，是由它们的题元结构决定的，它们是不及物动词。如果是这样，那么"负责任""打牢固"等 VOO 和 VRR 不能带宾语就不是韵律的问题，而是及物与否的语义和句法的问题了。如果是这样，韵律的解释就可以用句法的解释来取代。因此，有人说，看来韵律的问题可能都是语义或句法的问题。这个问题看起来很深入，但结论却是表面现象，不是本质。比较：

  *负责任这项工作   对这项工作负责任
  *有伤害身体   对身体有伤害
  *打牢固基础   把基础打牢固
  *摆整齐桌椅   把桌椅摆整齐

---

1 "习语化"也有两个问题要搞清楚：一是"化"条件问题（为什么可以"化"的根据），二是"化"的实现（"化"了没有的现实）。前者是语法问题，后者是语用问题。"服务"一词的出现符合韵律语法的条件，也得到句法的允准，所以可以出现"服务祖国"的说法。但这是"为祖国服务"这一说法频繁使用的结果，不是现代汉语的一个能产的语法格式。因此"服务"只能以"祖国"为宾语（"服务祖国"），是"题元固化"，而不是"题元自由"的"准及物动词"。同类现象如"写黑板"可以，"*写背心"就不行；"吃食堂"可以，"吃旅馆"就不行；"吃父母"可以，但"吃写作"就不行；"切这把刀"可以，但"切这把叉子"就不行，诸如此类都说明语法结构的启用是被使用频率激活的，而不是现代汉语里的"自由能产"的格式。容易让人混淆的是，语用可以激活句法格式的使用，但这并不等于语用就是句法格式，此其一。反过来说，句法格式的启用要考虑语用上的频率才能出现，这也不能说语用就是句法格式。格式是格式，语用是语用；格式在什么意义上被用得最多，当然是语用或语义问题；但仍然是格式的意义和格式问题，不是格式本身的问题。

第七章 结束语——理论、方法与素质

上面的例子告诉我们，"负责任、有伤害、打牢固、摆整齐"的题元结构里，不是没有外宾语，只是外宾语不能出现在 VOO 和 VRR 之后，而只能出现在 VOO 和 VRR 之前。显然，它们不是'不及物动词'，从句法和语义上我们无法解释为什么'VOO'的宾语只能在其前的原因，也无法解释为什么只有三个音节的 VOO 和 VRR 才有这种句法属性。句法分布的对立亦即合法性的对立告诉我们，这里涉及的是音节多少的问题，而音节多少是韵律问题，因此唯有韵律语法可以解决这里的语法问题。换言之，表面上怀疑韵律背后是语义和句法的，揭开背后实质一看，仍然是韵律问题。

本书《汉语韵律语法教程》讨论的是汉语的韵律语法。研究韵律语法承认韵律可以制约构词和句法，但必须注意的是：韵律不能包治百病。把所有的现象都归结为韵律，其实是否认韵律的存在。更容易产生误解的是：韵律制约句法，所以韵律创造句法。这是不对的。韵律不能创造句法、也不能创造词法。韵律只能根据自己的体系和规则限定词法（规定词的大小和构词模板）和制约句法（删除不合韵律的句法输出和激活原来没有启动的句法运作），这就是构词句法（morphosyntax）和韵律互动（interface）的结果。这种界面的互动，既可以发生在句子层面，也可以发生在短语层面，还可以发生在词汇层面。句子层面有语调或句调（intonation）、短语层面有短语重音。短语重音分核心重音、强调重音和对比重音的不同。英文里面"I'm good"，升调表同意，降调表婉拒；汉语里面"他要 baochou"，重音在 bao 是"报酬"，重音在 chou 是"报仇"。

这里还要指出的是，韵律语法学的建立是以北京话为基础的。北京话是一个重音型语言，但是这并不意味着汉语的其他方言都有北京话这类重音，就像北京话虽然是重音型语言，但是不一定是英文一类的重音语言一样。必须清楚的是：每种语言都有韵律，就像每种语言都有语法一样。因此我们看到一个语言现象，首先要鉴定它是哪个层面的现象：语义层面的、语法层面的、语用层面的还是韵律层面的等等。

本教程的理论系统主要涉及韵律语法的现象。这个系统，用以纲带目的比喻来说，纲是韵律学、韵律构词学、韵律句法学和韵律文体学。"目"是"纲"下的分支体系和次范畴。譬如，韵律学里面有"音段、韵素、音节、音步（双分支）、相对凸显、轻重律、长短律"等等；韵律构词学里有"韵律切分、韵律模板、最小词、韵律词、韵律短语、韵律附着、左向构词（双向构语）"等等；韵律句法学里有"核心重音、焦点重音、隐形成分、话语韵律、语调韵律"等等；韵律语体学里有"悬差律、长短律、齐正律、单双分体、语体语法"等。韵律语法里面的这几个下属领域和分支学科，虽然都共享同一基本韵律理据（如相对凸显、双音节音步），但它们各自有自己独立的体系、规律和运作对象。

最后要指出的是，韵律语法学不是汉语自己的特有学科。在普通语言学里，把语音和语法结合起来的研究非常普遍，韵律语法学非汉语所独有。但我们也应该看到，韵律语法在汉语里表现得特别突出。这就是为什么在别的语言里还没有韵律句法学，起码二十年前没有。把韵律和句法这两个看似完全不相关的领域结合起来成为一门学科进行系统地研究，最早是从汉语开始的。由此看来，韵律语法有它的普遍性，也有它的特殊性。更让我们欣慰的是，近年来其他语言的研究也开始向这方面努力（Richards Norvin 2010）。Simpson（2014：489）总结说："将来的韵律与语法的相互作用的研究，无论是跨方言的共时研究，还是历时的研究（这是可能性），都是未来汉语语言学研究中的一个丰富而内容充实的领域，是一个汉语可以为'有关人类语言的普通语言学理论'做出重要贡献的领域。"这是国际学者对我们既往韵律语法研究的赞许，也是我们将来努力的方向。

参考文献

[1] 布斯曼（Bussmann，H.）.语言与语言学词典[Z].外语教学与研究出版社、劳特利奇出版社，2000.

[2] 蔡维天，冯胜利.说"们"的位置——从句法-韵律的界面谈起[J].语言学论丛，2005(32)：46–63.

[3] 蔡宗齐.古典诗歌的现代诠释——节奏、句式、诗境[J].中国文史哲研究通讯，2005.

[4] 曹文.汉语焦点重音的韵律实现[M].北京：北京语言大学出版社，2010.

[5] 陈刚，沈家煊.从"标记颠倒"看韵律和语法的象似关系[J].外语教学与研究，2012(4)：483–495.

[6] 陈景元."VO_1 要 VO_2"句式的韵律结构与重音分布[J].江南大学学报（人文社会科学版），2005(3)：88–91.

[7] 陈宁萍.现代汉语名词类的扩大——现代汉语动词和名词分界线的考察[J].中国语文，1987(5).

[8] 陈玉东.汉语韵律层级中小句的中枢地位和调节作用[J].汉语学报，2005(2)：70–75，96.

[9] 储泽祥，姚双云.影响短语成立的重要因素[J].湖南大学学报（社会科学版），2003(2)：65–69.

[10] 褚智歆.汉语韵律句法研究的滥觞——从《马氏文通》看汉语韵律制约句法的现象[J].哈尔滨学院学报，2008(1)：111–115.

[11] 川本皓嗣.王晓平，隽雪艳，赵怡（译）.日本诗歌的传统——七与五的诗学[M].南京：译林出版社，2004.

[12] 崔四行.离合词与核心重音[J].汉语学习，2008(5).又载于人大复印资料语言文字学，2009(1).

[13] 崔四行. 三音节结构中副词、形容词、名词作状语研究 [D].北京语言大学博士论文，2009.

[14] 崔四行. 名词作状语的韵律句法研究 [J]. 华中学术（第二辑），武汉：华中师范大学出版社，2010.

[15] 崔四行. "右向构词、左向造语"理论的合法性——以三音节状中结构中副词作状语为例 [J]. 河南科技大学学报，2011(5).

[16] 崔四行. 副词的句法分布与音节长度的关系探析 [J]. 云南师范大学学报（对外汉语教学与研究版），2012(2).

[17] 崔四行. 从 ABAB、AABB 重音模式的句法功能看汉语的韵律形态 [J]. 语言教学与研究，2012(5).

[18] 戴军明. "合则双美，离则两伤"：语法研究应与韵律结合——赵元任《汉语口语语法》读后 [J]. 常州信息职业技术学院学报，2005(2)：67–69.

[19] 戴庆厦. 汉语的特点究竟是什么 [J]. 云南师范大学学报（哲学社会科学版），2014(5).

[20] 戴庆厦. 景颇语的韵律与语法结构演变 [J]. 汉藏学报，2013(7). 又载于汉语韵律语法新探，上海：中西书局，2015.

[21] 邓丹，石锋，冯胜利. 韵律制约句法的实验研究——以动补带宾句为例 [J]. *Journal of Chinese Linguistics*，2008(2).

[22] 邓思颖. 形式汉语句法学 [M].上海：上海教育出版社，2010.

[23] 董秀芳. 述补带宾句式中的韵律制约 [J]. 语言研究，1998(1)：55–62.

[24] 端木三. 重音理论和汉语的词长选择 [J]. 中国语文，1999(4)：246–254.

[25] 端木三. 汉语的节奏 [J]. 当代语言学，2000(4)：203–209，278.

[26] 端木三. 重音、信息和语言的分类 [J]. 语言科学，2007(5)：3–16.

[27] 端木三. 重音理论及汉语重音现象 [J]. 当代语言学，2014 (3)：288–302.

[28] 端木三. 音步和重音 [M]. 汉语韵律语法丛书. 北京：北京语言大学出版社，2016.

[29] 方梅. 宾语和动量词语的次序问题 [J]. 中国语文，1993(1).

[30] 方梅. 语体动因对句法的塑造 [J]. 修辞学习，2007(6).

[31] 冯春田. 清代山东"小学"述要 [A]. 明清时期的山左学术 [C]，齐鲁书社，2014.

[32] 冯赫. 汉语演变过程中的韵律构词——基于性状指示词"许"历时形成的考察 [J].《山东大学学报》（哲学社会科学版），2014(3).

[33] 冯胜利. 论上古汉语的宾语倒置与重音转移 [J]. 语言研究，1994 (1)：79–83.

[34] 冯胜利. 汉语的韵律及其对句法结构的制约 [J]. 语言研究，1996(1)：108–127.

[35] 冯胜利. 论汉语的韵律词 [J]. 中国社会科学，1996(1)：161–176.

[36] 冯胜利. 论汉语的自然音步 [J]. 中国语文，1998(1)：40–47.

[37] 冯胜利. "写毛笔"与韵律促发的动词并入 [J]. 语言教学与研究，2000(1)：25–31.

[38] 冯胜利. 汉语韵律句法学 [M]. 上海：上海教育出版社，2000.

[39] 冯胜利. 论汉语"词"的多维性 [J]. 当代语言学，2001 (3)：161–174.

[40] 冯胜利. 韵律构词与韵律句法之间的交互作用 [J]. 中国语文，2002(6)：515–524, 575.

[41] 冯胜利. 汉语动补结构来源的句法分析 [J]. 语言学论丛，2002(26).

[42] 冯胜利. 书面语语法与教学的相对独立性 [J]. 语言教学与研究，2003(2)：53–63.

[43] 冯胜利. 轻动词移位与古今汉语的动宾关系 [J]. 语言科学，2005(1)：3–16.

[44] 冯胜利. 汉语韵律语法研究 [M]. 北京：北京大学出版社，2005.

[45] 冯胜利. 汉语书面用语初编 [M]. 北京：北京语言大学出版社，2006.

[46] 冯胜利. 韵律语法理论与汉语研究 [J]. 语言科学，2007(2)：48–59.

[47] 冯胜利. 论三音节音步的历史来源与秦汉诗歌的同步发展 [J]. 语言学论丛，2008(37).

[38] 冯胜利. 汉语的韵律、词法与句法 [M]. 北京：北京大学出版社

（2009年增订版）.

[49] 冯胜利. 论汉语韵律的形态功能与句法演变的历史分期 [J].《历史语言学研究》(第二辑), 2009.

[50] 冯胜利. 论语体的机制及其语法属性 [J]. 中国语文, 2010(5).

[51] 冯胜利. 汉语诗歌构造与演变的韵律机制 [A]. 赵敏俐编. 中国诗歌研究(8) [C]. 北京：中华书局，2011：44–59.

[52] 冯胜利. 韵律句法学研究的历程与进展 [J]. 世界汉语教学，2011(1)：13–31.

[53] 冯胜利. 上古单音节音步例证——兼谈从韵律角度研究古音的新途径 [J]. 历史语言学研究，2012(5)：78–90.

[54] 冯胜利. 汉语韵律句法学（增订本）[M]. 北京：商务印书馆，2013.

[55] 冯胜利. 上古音韵研究的新视角 [A]. 大江东去——王士元教授八十岁贺寿文集，香港：香港城市大学出版社，2013：71–84.

[56] 冯胜利. 新材料与新理论的综合运用——兼谈文献语言学与章黄演绎论[J]. 历史语言学研究，2013(6)：117–129.

[57] 冯胜利.《离骚》的韵律贡献——顿叹律与抒情调 [J]. 社会科学论坛，2014(2)：24–36.

[58] 冯胜利. 乾嘉"理必"与语言研究的科学属性 [J]. 中文学术前沿，2015(9)：89–107.

[59] 冯胜利. 韵律文学的语言学分析——从廖序东先生的"于／乎"之别说起 [J]. 江苏师范大学学报（哲学社会科学版），2015(2)：1–5.

[60] 高敏. 共索同义单、双音节名词的语法差别——基于现代汉语语料库的实例考察 [D]. 西南大学硕士论文，2014.

[61] 葛本仪. 语言学概论 [M]. 济南：山东大学出版社，1999.

[62] 郭沫若. 论节奏.《郭沫若全集》（第15卷）[C]. 人民出版社，1990：360.

[63] 郭绍虞. 中国语词之弹性作用 [J]. 燕京学报，1938(24)：1–34.

[64] 何丹鹏. 普粤介词短语差异的韵律语法分析 [A]. 载于《汉语韵律语法新探》，上海：中西书局，2015：240–256.

[65] 何元建. 现代汉语生成语法 [M]. 北京：北京大学出版社，2011.

[66] 贺阳. 现代汉语欧化语法现象研究 [M]. 北京：商务印书馆，2008.

[67] 洪爽. 单音副词及重叠形式修饰谓词性成分的韵律问题 [J]. 语言科学，2010(6)：607–616.

[68] 洪爽. 汉语副词修饰谓词性成分的韵律问题再探讨 [J]. 语言学研究，2014(1).

[69] 洪爽. 汉语的最小词 [M]. 汉语韵律语法丛书. 北京：北京语言大学出版社，2015.

[70] 胡敕瑞.《论衡》与东汉佛典词语比较研究 [D]. 成都：巴蜀书社，2002.

[71] 胡明扬. 语体和语法 [J]. 汉语学习，1993(2)：1–4.

[72] 胡双宝. 汉语研究的新视点——评《汉语的韵律、词法与句法》[J]. 汉语学习，1998(2).

[73] 黄丽君，端木三. 现代汉语词长弹性的量化研究 [J]. 语言科学，2013(1)：8–16.

[74] 黄梅. 现代汉语嵌偶单音词的句法分析及其理论意义 [D]. 北京语言大学博士论文，2008.

[75] 黄梅. 现代汉语嵌偶单词的韵律句法研究 [M]. 北京：北京语言大学出版社，2012.

[76] 黄梅. 普通名词做状语的句法性质研究 [J]. 汉语学习，2014(5).

[77] 黄梅，冯胜利. 嵌偶单音词句法分布刍析——嵌偶单音词最常见于状语探因 [J]. 中国语文，2009(1)：32–44，95–96.

[78] 黄正德，李艳惠，李亚非. 汉语句法学 [M]. 北京：世界图书出版公司北京公司，2013.

[79] 贾林华. 从汉英拟声词对比看汉语拟声词的民族特点 [J]. 华北电力大学学报（社会科学版），2010(5).

[80] 贾林华. 汉语动词型成语带宾语情况的考察与分析 [J]. 外文研究，2014(1).

[81] 贾林华. 普通名词做状语的韵律句法分析 [J]. 语文研究，2014(4).

[82] 贾林华. 形容词带宾的韵律句法分析 [J]. 汉语学习，2014(5).

[83] 居碧娟. 汉语韵律机制和汉语处置句初探 [J]. 三峡大学学报(人文社会科学版)，2010 (2)：90–93.

[84] 柯航. 现代汉语单双音节搭配研究 [D]. 中国社会科学院博士论文，2007.

[85] 李大勤，王仁法，江火. 近年来我国语法理论研究概述 [J]. 语言学及应用语言学研究，2001(1)：146–241.

[86] 李果. 从古代姓名单双音节名字选择看上古韵律类型的转变 [J]. 古汉语研究，2015.

[87] 李思旭. 现代汉语动结式韵律构造模式初探 [J]. 汉语学习，2009(6)：62–70.

[88] 李思旭. 试论双音化在语法化中双重作用的句法位置 [J]. 世界汉语教学, 2011(2)：193–206.

[89] 李婷婷. 现代汉语中"V + 至 + O"的组配及其语法化研究 [D]. 华中师范大学硕士学位论文，2014.

[90] 李亚非. 形式句法、象似性理论与汉语研究 [J]. 中国语文，2014(6)：521–530.

[91] 李艳惠，冯胜利. "一"字省略的韵律条件 [J]. 语言科学，2015(1)：1–12.

[92] 厉为民.试论轻声和重音，中国语文 [J]. 1981(1)：35–40.

[93] 连探. 汉语动趋式的韵律句法分析 [D]. 华中师范大学硕士论文，2014.

[94] 梁月娥. 两周金文动宾结构中的单双音节现象研究 [A]. 载于冯胜利主编《汉语韵律语法新探》[C]，上海：中西书局，2015：332–341.

[95] 林庚. 关于新诗形式的问题和建议. 问路集. 北京：北京大学出版社，1957/1984.

[96] 林华. 音系和语法的竞争——浅谈上声变调的灵活性 [A]. 徐杰、钟奇主编. 汉语词汇、句法、语音的相互关联 [C]. 北京：北京语言大学出版社，2007：280–293.

[97] 林茂灿. 汉语语调实验研究 [M]. 北京：中国社会科学出版社，2012.

[98] 林茂灿，颜景助，孙国华.北京话两字组正常重音的初步实验 [J].方言，1984(1)：57–73.

[99] 林焘.林焘先生语音学论文集 [M].北京：商务印书馆，2001.

[100] 林焘、王理嘉.语音学教程（增订版）.北京大学出版社，2013.

[101] 刘春卉.属性名词与部位名词的省略与冗余——经济原则与韵律要求的较量 [J].语言研究，2010(2)：93–97.

[102] 刘丹青.科学精神：中国文化语言学的紧迫课题.江苏社会科学，1993(1)：96–100.

[103] 刘睿涵.并列连词"而"的韵律组配规律研究 [D].华中师范大学硕士学位论文，2014.

[104] 刘旭鹏.定中标记"的"与"之"的韵律效应对比探析 [D].华中师范大学硕士论文，2014.

[105] 龙又珍.古代汉语里的音节助词"有"[J].语言研究，2002(S1)：53–55.

[106] 卢冠忠.论六言诗与骈文六言句韵律及句法之异同 [J].社会科学论坛，2014(4).

[107] 陆丙甫.结构、节奏、松紧、轻重在汉语中的相互作用——从"等等+单音名词"为何不合格说起 [J].汉语学习，1989(3)：25–29.

[108] 陆宗达，俞敏.现代汉语语法（上）[M].北京：群众书店，1954.

[109] 吕叔湘.现代汉语单双音节问题初探 [J].中国语文，1963(1).

[110] 吕叔湘.汉语语法论文集（增订本）[M].北京：商务印书馆，1984.

[111] 吕叔湘.吕叔湘全集1 [C].沈阳：辽宁教育出版社，2002.

[112] 骆健飞.汉语缩略语的构成与自然音步的关系 [J].邵阳学院学报（社会科学版），2014(5).

[113] 骆健飞.中高年级留学生韵律偏误分析及教学策略——以书面语写作为例 [J].云南师范大学学报（对外汉语教学与研究版），2014(5).

[114] 骆健飞.汉语"之"字结构的韵律模式研究 [J].邵阳学院学报（社会科学版），2014(6).

[115] 骆健飞.汉语单双音节同义动词的韵律形态研究 [A].第十五届汉

语词汇语义学国际研讨会论文集，2014.

[116] 马修斯. 牛津语言学词典 [Z]. 上海：上海外语教育出版社，2000.

[117] 潘文国. 汉英语对比纲要 [M]. 北京：北京语言文化大学出版社，1997.

[118] 潘文国，黄月圆，杨素英. 当前的汉语构词法研究 [A]. 江蓝生、侯精一主编. 汉语现状与历史研究. 北京：中国社会科学出版社，1999.

[119] 潘文国. 百年来的汉语构词法研究 [M]. 载于《汉语的构词法》，上海：华东师范大学出版社，2004.

[120] 裴雨来. 汉语的韵律词 [M]. 汉语韵律语法丛书. 北京：北京语言大学出版社，2015.

[121] 启功. 论书绝句 [M]. 香港：商务印书馆、三联书店，1990.

[122] 启功. 汉语现象论丛 [M]. 北京：中华书局，1997.

[123] 桥本万太郎. 余志鸿（译）.语言地理类型学 [M]. 北京：世界图书出版公司，2008.

[124] 尚新，刘春梅. 汉语语法研究中的韵律原则——从《中国话的文法》谈语法与韵律的互动研究 [J]. 徐州师范大学学报，2003(2)：76–79.

[125] 沈家煊. 语法六讲 [M]. 北京：商务印书馆，2011a.

[126] 沈家煊. 从韵律结构看形容词 [J]. 汉语学习，2011b(3)：3–10.

[127] 沈家煊. "名动词"的反思：问题和对策 [J]. 世界汉语教学，2012(1)：5–19.

[128] 沈家煊，乐耀. 词类的实验研究呼唤语法理论的更新 [J]. 当代语言学，2013(3)：253–267.

[129] 施春宏. 动结式在相关句式群中不对称分布的多重界面互动机制 [J]. 世界汉语教学，2015(1).

[130] 施向东，方庆蓉. 试论韵母 ong 和 iong 的实际音值 [J]. 语文学刊，2014.

[131] 施向东. 关于上古汉语阴声音节的韵尾、韵素和声调问题的探讨 [A]. 韵律语法新探，上海：中西书局，2015.

[132] 石定栩. 复合词与短语的句法地位 [J]. 语法研究和探索，北京：商务印书馆，2002(11)：35–51.

[133] 石定栩. 乔姆斯基的形式句法——历史进程与最新理论 [M]. 北京：北京语言文化大学出版社，2002.

[134] 石锋、王萍. 汉语韵律层级系统刍议 [J]. 南开语言学刊，2014(1).

[135] 松浦友久. 孙昌武，郑天刚（译）. 中国诗歌原理 [M]. 沈阳：辽宁教育出版社，1990.

[136] 松浦友久. 关于中国古典诗歌的节奏结构——以"休音"（虚音）的功能为中心 [A]. 中国唐代文学会、西北大学中文系、广西师范大学出版社主编，唐代文学研究（3）[C]. 桂林：广西师范大学出版社，1992：569–576.

[137] 松浦友久. 石观海等（译）. 节奏的美学 [M]. 沈阳：辽宁大学出版社，1995.

[138] 松浦友久. 蒋寅（译）. 关于闻一多的《律诗底研究》——现代诗学的黎明 [J]. 东方丛刊，2000(3)：54–65.

[139] 松浦友久. 加藤阿幸，陆庆和（译）. 日中诗歌比较丛稿：从《万叶集》的书名谈起 [M]. 北京：民族出版社，2002.

[140] 孙大雨. 诗歌的格律 [J]. 复旦学报，1956(2).

[141] 孙德金. 现代书面汉语中的文言语法成分研究 [M]. 北京：商务印书馆，2012.

[142] 唐文珊. 焦点的实现——"轻重对"与"韵律（重组）短语"：一个有关香港粤语与格结构的研究. 香港中文大学研究院中国语言及文学学部2014—2015年度讲论会报告，2015.

[143] 陶红印. 试论语体分类的语法学意义 [J]. 当代语言学，1999(1).

[144] 汪维辉. 现代汉语"语体词汇"刍论 [J]. 长江学术，2014(1)：91–102.

[145] 王博. 浅析韵律对中英文构词的制约作用 [J]. 湖北师范学院学报（哲学社会科学版），2014(6).

[146] 王冬梅. "N 的 V"结构 / 及物性 / 动作性 [J]. 语言教学与研究，2002(4)：55–64.

[147] 王洪君. 汉语非线性音系学 [M]. 北京：北京大学出版社，1999.

[148] 王洪君. 音节单双、音域展敛（重音）与语法结构类型和成分次

序 [J]. 当代语言学, 2001(4): 241–252, 316.

[149] 王焕池. 汉语复合词研究的新思路——基于分布形态学的视角 [J]. 当代外语研究, 2014(8).

[150] 王力. 汉语诗律学（新2版）[M]. 上海：上海教育出版社, 1979.

[151] 王丽娟. 从韵律看介词的分布及长度 [J]. 语言科学, 2008(3): 300–307.

[152] 王丽娟. 从名词、动词看现代汉语普通话双音节的形态功能 [D]. 北京语言大学博士论文, 2009.

[153] 王丽娟. 现代汉语普通话动词名物化形态的韵律要求 [J]. 安徽理工大学学报（社会科学版）, 2013(4).

[154] 王丽娟. 汉语两类 [N 的 V] 结构的韵律句法考察 [J]. 世界汉语教学, 2014(1).

[155] 王丽娟. 汉语的韵律形态 [M]. 汉语韵律语法丛书. 北京：北京语言大学出版社, 2015.

[156] 王永娜. 谈韵律、语体对汉语表短时体的动词重叠的制约 [J]. 语言科学, 2008(6).

[157] 王永娜. 汉语书面正式语体的语法手段 [D]. 北京语言大学博士论文, 2009.

[158] 王永娜. 汉语表短时体的动词重叠的韵律机制和语体动因 [J]. 汉语学习, 2010(4).

[159] 王永娜. 书面语体"V + 向/往 + NP"的构成机制及句法特征分析 [J]. 华文教学与研究, 2011(3).

[160] 王永娜. "NP + 们"的书面正式语体功能成因分析 [J]. 云南师范大学学报（对外汉语教学与研究版）, 2011(5).

[161] 王永娜. 书面语体"和"字动词型并列结构的构成机制 [J]. 世界汉语教学, 2012(2).

[162] 王永娜. 非计量"一 + 量词"语法功能与语体构成机制 [J]. 汉语学习, 2012(6).

[163] 王永娜. 书面语"动宾 + 宾语"的语法机制及相关问题研究 [J]. 语言科学, 2013(2).

[164] 王永娜. 谈书面语中"动词性成分名词化"的语法机制 [J]. 华文教学与研究, 2013(3).

[165] 王志洁, 冯胜利. "声调对比法与北京话双音组的重音类型" [J]. 语言科学, 2006(1): 3–22.

[166] 魏建功. 中国纯文学的姿态与中国语言文字 [M].《文学》第2号: 1934: 983–992.

[167] 吴为善. 现代汉语三音节组合规律初探 [J]. 汉语学习, 1986(5): 1–2.

[168] 吴为善. 论汉语后置单音节的黏附性 [J]. 汉语学习, 1989(1): 16–19.

[169] 吴为善. 主谓结构前的单音节能否站得住? [J]. 汉语学习, 1990(2): 10–12.

[170] 吴为善. 汉语韵律句法探索 [M].上海: 学林出版社, 2006.

[171] 吴为善. 汉语"重轻型"韵律模式的辨义功能及其系统价值 [M]. 上海: 学林出版社, 2015.

[172] 吴为善, 吴怀成. 双音述宾结果补语"动结式"初探——兼论韵律运作、词语整合与动结式的生成 [J]. 中国语文, 2008(6): 498–503, 575.

[173] 吴宗济. 试论汉语的声调和节奏 [A]. 吴宗济语言学论文集. 北京: 商务印书馆, 2008: 246–247.

[174] 伍铁平. 开展中外语言学说史的比较研究——兼论语言类型学对汉语史研究的意义 [J]. 世界汉语教学, 1990(2).

[175] 伍铁平. Developing the Comparative Study of the Histories of Chinese. *History of Language*(语言史)[J]. 澳大利亚国立大学, 2000(6).

[176] 萧宇超. 从台语音节连拼到音韵、构词与句法的关系: 老问题、新角度 [J]. 中国境内语言暨语言学(湾), 1998.

[177] 熊仲儒. 语音结构与名词短语内部功能范畴的句法位置 [J]. 中国语文, 2008(6): 523–534, 576.

[178] 徐烈炯. 生成语法理论: 标准理论到最简方案 [M]. 上海: 上海外语教育出版社, 1988/2009.

[179] 杨才英, 赵春利. 状位形名组合的句法语义研究 [J]. 汉语学习,

2010(1): 43–52.

[180] 杨慧. 从 Vd、Vs 动词的区别看韵律在语法中的作用 [D]. 苏州大学硕士论文，2006.

[181] 杨军. 英汉语韵律句法映射的音系层面和语音指征 [J]. 西安外国语大学学报，2009(2).

[182] 杨树达. 马氏文通刊误 [M]. 上海：上海古籍出版社，2007.

[183] 易花萍，王治琴. 谈汉语的功能韵律特质——兼评冯胜利《汉语韵律句法学》的"西视视角"[J]. 理论界，2008(1)：148–149.

[184] 殷晓杰. 单音词"嵌偶化"例示 [R]. 浙江师范大学人文学院，2014.

[185] 应学凤. 现代汉语拟声词的后重格局 [J]. 汉语学报，2012(3).

[186] 应学凤. 韵律语法理论与汉语韵律语法研究述评 [J]. 汉语学习，2013(1).

[187] 应学凤. 现代汉语定中黏合结构研究综论 [J]. 励耘语言学刊，2014(2).

[188] 余志鸿. 语法结构的语音制约 [J]. 汉语学习，1987(5)：6–9.

[189] 袁毓林. 走向多层面互动的汉语研究 [J]. 语言科学，2003(6)：53–72.

[190] 袁毓林. 走向多层面互动的汉语研究（代前言）[A]. 徐杰、钟奇主编. 汉语词汇·句法·语音的相互关联，北京：北京语言大学出版社，2007.

[191] 詹卫东. "NP + 的 + VP"格式在组句谋篇中的特点 [J]. 语文研究，1998(1)：16–23.

[192] 詹卫东. 关于"NP + 的 + VP"偏正结构 [J]. 汉语学习，1998(2)：24–28.

[193] 张伯江. 以语法解释为目的的语体研究 [J]. 当代修辞学，2012(6).

[194] 张成进. 近十年汉语语法研究的热点视角 [J]. 学术界，2011(10).

[195] 张成进，王萍. "至于"的词汇化、语法化及认知、韵律解释 [J]. 对外汉语研究，2014(1).

[196] 张洪明. 韵律音系学与汉语韵律研究中的若干问题 [J]. 当代语言

学，2014(3).

[197] 张金圈. "复合动趋式+宾语"语序演变的动因与机制 [J]. 宁夏大学学报（人文社会科学版），2010(5)：44–50.

[198] 张炜，刘民刚，吴为善. 吴语"Vv + A"韵律结构分析 [J]. 安徽农业大学学报（社会科学版），2010(3)：103–106.

[199] 张玉琳. 从韵律句法角度看 [动宾] + [处所名词] 现象 [J]. 现代语文（语言研究），2014(10).

[200] 张悦. 汉语词汇复音化对汉语发展的影响 [J]. 广西社会科学，2005(6)：169–171.

[201] 赵璞嵩. 吾、我之异与鱼歌二部的韵律对立 [J]. 云汉学刊，2012(25).

[202] 赵璞嵩. 上古汉语歌、鱼二部韵素对立的分析 [A]. 韵律语法论文集，上海：中西书局，2014.

[203] 赵永刚. 韵律结构的音系——句法接口研究：回顾与展望 [J]. 上海理工大学学报（社会科学版），2014(4).

[204] 赵元任. 中国话的文法. 丁邦新译 [M]. 载于《中国现代学术经典·赵元任卷》，河北教育出版社，1996.

[205] 周韧. 韵律的作用到底有多大？[J]. 世界汉语教学，2012(4).

[206] 周筱娟. "更+X单"的句法韵律结构 [J]. 咸宁学院学报，2010(10)：67–69.

[207] 周至. 节律压倒结构 [J]. 中国语文，1983(3).

[208] 朱德熙. 现代汉语语法研究的对象是什么？[J]. 中国语文，1987(5)：321–329.

[209] 朱光潜. 诗论 [M]. 重庆：国民图书出版社，1943.

[210] 朱光潜. 诗论(朱立元导读) [M]. 上海：上海古籍出版社，2001.

[211] 朱赛萍. 韵律制约下的 PP 前后分置及介词隐现问题——以双音节动宾式 [VO] + PP 结构为例 [J]. 汉语学习，2014(5).

[212] 朱赛萍. 温州方言动后介词结构的韵律句法研究 [M]. 杭州：浙江人民出版社，2015.

[213] 庄会彬. 韵律语法视角下"的"的隐现原则 [J]. 语言研究，

2014(4).

[214] 庄会彬. 汉语的句法词 [M]. 汉语韵律语法丛书. 北京：北京语言大学出版社，2015.

[215] 庄会彬，刘振前. 汉语合成复合词的构词机制与韵律制约 [J]. 世界汉语教学，2011(4).

[216] 庄会彬，刘振前. "的"的韵律语法研究 [J]. 汉语学习，2012(3).

[217] 左思民. 汉语句长的制约因素 [J]. 汉语学习，1992(3)：16–20.

[218] Booij, Geert. Principles and Parameters in Prosodic Phonology [J]. *Linguistics*, 1983(21)：249–280.

[219] Chao, Yuen-Ren（赵元任）. *A Grammar of Spoken Chinese* [M]. Berkeley: University of California Press, 1968.

[220] Chen, Matthew Y. Metrical Structure: Evidence from Chinese Poetry. *Linguistic Inquiry*, 1979(10)：371–420.

[221] Chen, Matthew Y. The Syntax of Xiamen Tone Sandhi [J]. *Phonology Yearbook*, 1987(4)：109–49.

[222] Chen, Matthew Y. *Tone Sandhi: Patterns across Chinese Dialects* [M]. Cambridge: Cambridge University Press, 2000.

[223] Chen, Shudong. Reading Prosodically, Reading Serendipitously: Fine-Tuning for the Unheard Melodies of "*Dao*" [J]. *Tsing Hua Journal of Chinese Studies*, 2012. Vol. 42 No. 3：379–400.

[224] Chomsky, N. and M. Halle. *The Sound Pattern of English* [M]. New York: Harper and Row, 1968.

[225] Cinque, Guglielmo. A Null Theory of Phrase and Compound Stress [J], *Linguistic Inquiry*, 1993.Vol.24：239–297.

[226] Cinque, Guglielmo. *Restructuring and Functional Heads* [M]. Oxford: Oxford University Press, 2006.

[227] Crystal, David. *The Cambridge Encyclopedia of Language (2nd edition)* [M], Cambridge University Press, 1997/2000.

[228] Dai, John Xiangling. *Chinese Morphology and its Interface with the*

Syntax [D]. Ph. D. dissertation, Ohio State University, Columbus. 1992.

[229] Davenport and Hannahs. *Introducing Phonetics and Phonology* [M]. Routledge, 2010.

[230] Dell, Francois and Elisabeth, Selkirk. On a Morphologically Governed Vowel Alternation in French[A]. In: S. J. Keyser (eds.) *Recent Transformational Studies in European Linguistics.* Cambridge: MIT Press, 1980.

[231] Downing, Laura. *Canonical Forms in Prosodic Morphology* [M]. Oxford University Press, 2006.

[232] Duanmu, San. *A Formal study of Syllable, Tone, Stress and Domain in Chinese Languages* [D]. Ph. D. dissertation, MIT. 1990.

[233] Duanmu, San. Wordhood in Chinese [A]. In: Jerome L. Packard, (eds.) *New Approaches to Chinese Word Formation: Morphology, Phonology and the Lexicon in Modern and Ancient Chinese.* Berlin: Mouton de Gruyter. 1998: 135–196.

[234] Duanmu, San, *The Phonology of Standard Chinese* (2nd Edition) [M]. Oxford: Oxford University Press, 2000/2007.

[235] Fabb, N. A. J. *Syntactic Affixation* [D]. Ph.D. dissertation, MIT. 1984.

[236] Feng, Shengli. Prosodic Structure and Syntactic Changes in Chinese [Z]. *The PENN Review of Linguistics,* 1991(15): 21–35.

[237] Feng, Shengli. *Prosodic Structure and Prosodically Constrained Syntax in Chinese*[M]. Ph.D. dissertation, University of Pennsylvania. 1995.

[238] Feng, Shengli. The Prosodic Syntax of Chinese [M]. Lincom Europa: *LINCOM studies in Asian Linguistics.* 2002.

[239] Feng, Shengli. Prosodically Constrained Postverbal PPs in Mandarin Chinese [J]. *Linguistics,* 2003.Vol. 41, No. 6.

[240] Feng, Shengli. Monosyllabicity and Disyllabicity in Chinese Prosodic Morphology [J]. *Macao Journal of Linguistics*, 2009b(1): 4–19.

[241] Feng, Shengli. The Syntax and Prosody of Classifiers in Classical

Chinese [A]. In: Xu Dan (eds.) *Plurality and Classifiers across Languages of China*. Mouton de Gruyter, 2012: 67–99.

[242] Feng, Shengli. Historical Syntax of Chinese. In: Huang C.T. James, Y.-H. Audrey Li and Andrew Simpson (eds.) *Handbook of Chinese Linguistics*. Blackwell, 2014: 537–575.

[243] Feng, Shengli. Light-Verb Syntax between English and Classical Chinese [A]. In: Li Y.-H. Audrey, Andrew Simpson and Wei-Tien Dylan Tsai (eds.) *Chinese Syntax in a Cross-Linguistic Perspective*. Oxford University Press, 2015: 229-250.

[244] Franziska, Scholz. *Tone Sandhi, Prosodic Phrasing and Focus Marking in Wenzhou Chinese*[M]. Netherlands Graduate School of Linguistics, LOT. 2012.

[245] Fry, Dennis B. Experiments in the Perception of Stress [J]. *Language and Speech*, 1958(1): 126–152.

[246] Fussell, Paul. *Poetic Meter and Poetic Form* [M], Random House, 1979.

[247] Grahm, Angus Charles. The Archaic Chinese Pronouns, *Asia Major* 15/1, 1969.

[248] Halle, Morris, and Samuel Jay Keyser. Chaucer and the Study of Prosody [J]. *College English*, 1966(28.3): 187–219.

[249] Halle, Morris, and Samuel Jay Keyser. *English Stress: Its Form, its Growth, and its Role in Verse* [M]. New York: Harper and Row, 1971.

[250] Hayes Bruce. The Prosodic Hierarchy in Meter [A]. In Paul Kiparsky and Gilbert Youmans (eds.) *Rhythm and Meter*. Academic Press, Orlando, FL, 1989: 201–60.

[251] He, Yuanjian. The Words-and-rules Theory: Evidence from Chinese Morphology [J]. *Taiwan Journal of Linguistics*, 2004.Vol. 2.2: 1–26.

[252] Hoa, Monique (华卫民). *L'accentuation en Pékinois* (北京话轻重音) [M]. Paris: Editions Langages Croisés. Distributed by Centre de Recherches

Linguistiques sur l'Asie Orientale, Paris. 1983.

[253] Huang, C.-T. James. Phrase Structure, Lexical Integrity, and Chinese Compounds [J]. *Journal of the Chinese Language Teachers Association*, 1984(19): 53–78.

[254] Huang, C.-T. James. Lexical Decomposition, Silent Categories, and the Localizer Phrase [J]. *Yuyanxue Luncong*, 2009(39): 86–122.

[255] Hyes, Bruce. *Metrical Stress Theory: Principles and Case Studies* [M]. The University of Chicago University Press, 1995.

[256] Inkelas, Sharon and Draga Zec (eds.). *The Phonology-syntax Connection* [M]. Chicago: Chicago University Press, 1990.

[257] Ito Junko and Armin Mester. Recursive Prosodic Phrasing in Japanese [A]. In: Toni Borowsky, Shigeto Kawahara, Takahito Shinya and Mariko Sugahara (eds.) *Prosody Matters*. EQUNIOX Press, 2012: 280–303.

[258] Jill de Villiers and Tom Roeper. *Handbook of Generative Approaches to Language Acquisition* [M]. New York: Springer. 2011.

[259] Kager, René. Shapes of the Generalized Trochee [A]. *The Proceedings of the Eleventh West Coast Conference on Formal Linguistics* [C]. Ed. Jonathan Mead. Stanford: Published for the Stanford Linguistics Association by the Center for the Study of Language and Information, 1993: 298–312.

[260] Kager, René & Wim Zonneveld. *Phrasal Phonology* [M]. Nijmegen University Press, 1999.

[261] Kenstowicz, Michael. *Phonology in Generative Grammar* [M]. Oxford: Blackwell Publications, 1994.

[262] Kenstowicz, Michael. Evidence for Metrical Constituency [A]. in K. Hale and S. J. Keyser (eds.), *The View from Building 20: Essays in Linguistics in Honor of Sylvain Bromberger*. Cambridge. MIT Press, 1994: 257–73.

[263] Kroch, Anthony. Reflexes of Grammar in Patterns of Language Change[J]. *Language Variation and Change*, 1989(1): 199–244.

[264] Ladd, D. Robert. *The Structure of Intonational Meaning* [M]. Indiana

University Press, 1980.

[265] Ladd, D. Robert. *Intonational Phonology* [M]. Cambridge University Press, 2008.

[266] Ladefoged, Peter & Keith Johnson. *A Course in Phonetics* [M]. Wadsworth / Cengage Learning, 2011.

[267] Li, Charles N. and Thompson, Sandra A. *Mandarin Chinese: A Functional Reference Grammar* [M]. Berkeley: University of California Press, 1981.

[268] Li, Yafei. *Conditions on X^o Movement* [D]. Ph.D. dissertation, MIT, 1990.

[269] Li, Yen-hui Audrey. Mandarin *de* and Taiwanese *e*. *Studies in Chinese Linguistics*, Volume 33, Number 1, 2012: 17–40.

[270] Liberman, M. The Intonation System of English [D]. Ph.D. dissertation, MIT, 1975.

[271] Liberman, M. and A. Prince. On Stress and Linguistic Rhythm [J]. *Linguistic Inquiry*, 1977(8): 249–336.

[272] Lin, J.-W. Lexical Government and Tone Group Formation in Xiamen Chinese [J]. *Phonology*, 1994(11): 237–75.

[273] Link, Perry. The Secret History of Classical Rhythms in Modern Chinese: An Essay for the Memory of F. W. Mote? [A]. In: Link [eds.] *The Scholar's Mind — Essays in Honor of Frederick W. More*. Hong Kong: The Chinese University Press, 2009.

[274] Link, Perry. *An Anatomy of Chinese: Rhythm, Metophor, Politics* [M]. Havard University Press, 2013.

[275] Lu Bingfu and Duanmu San. Rhythm and Syntax in Chinese: A Case Study [J]. *Journal of the Chinese Language Teachers Association*, 2002(37.2): 123–136.

[276] McCarthy, John, and Alan Prince. *Prosodic Morphology* [M]. Unpublished manuscripts, University of Massachusetts, Amherst and Brandies

University, 1986.

[277] McCarthy, John and Alan Prince. Foot and Word in Prosodic Morphology: The Arabic broken plural [J]. *Natural Language and Linguistic Theory*, 1990(8): 209–283.

[278] McCarthy, John and Alan Prince. Generalized Alignment [A]. In: G. Booij, and J. Van Marle (eds.) *Yearbook of Morphology*. Dordrecht: Kluwer, 1993b: 79–153.

[279] McCarthy, John and Alan Prince. Prosodic Morphology [A]. In: John A. Goldsmith (eds.) *The Handbook of Morphology*. Blackwell, 1998: 283–305.

[280] Michael Kenstowicz. (eds.) *The View from Building*, 1993: 20.

[281] Nespor Marina and Irene Vogel. *Prosodic Phonology*[M]. Dordrecht Foris Publications, 1986.

[282] Paul, Waltraud. Adjectival Modification in Mandarin Chinese and Related Issues [J]. *Linguistics*, 2005(43.4): 757–793.

[283] Peirce, Charles Sanders. *Collected Papers of Charles Sanders Peirce*[M]. Harvard University Press, 1974.

[284] Perrine, Laurence. *Sound and Sense* [M]. New York: Harcourt, Brace and World Inc, 1963.

[285] Pinker, Steven. *Learnability and Cognition: The Acquisition of Argument Structure* [M]. The MIT Press, 1989.

[286] Prince, Alan & Smolensky, Paul. *Optimality Theory: Constraint Interaction in Generative Grammar*[M]. Malden, MA: Blackwell, 2004.

[287] Richards, Norvin. *Uttering Trees*[M]. The MIT Press, 2010.

[288] Roeper, T. Multiple Grammars, Feature-attraction, Pied-piping, and the Question: Is AGR inside TP? [A]. In Muller, N. (In)*Vulnerable Domains in Multilingualism*. John Benjamins, 2003: 335–360.

[289] Roeper, T. Strict Interface and the Three Kinds of Mul-tiple Grammars [A]. In Rinkle, E.and Kupisch, T. Eds. *The Development of Grammar: Language Acquisition and Diachronic Change*, Amsterdam: John Benjamins, 2011: 205–228.

[295] Scannell, Vernon. *How to Enjoy Poetry*. Piatkus Books, 1982.

[290] Schiering Rene, Bickel Balthasar. & Hildebrandt Kristine[J]. The Prosodic word is not universal, but emergent. *Journal of Linguistics*, 2010(46): 657–709.

[291] Selkirk, Elisabeth. *Phonology and Syntax: The Relation between Sound and Structure*[M]. The MIT Press, 1984.

[292] Selkirk, E. and Shen, T. Prosodic Domains in Shanghai Chinese [A]. In: *The Phonology-Syntax Connection*, S. Inkelas and D. Zec (eds). 313–337. Chicago: CSLI, 1990.

[293] Shih, Chilin. The Prosodic Domain of Tone Sandhi in Chinese [D]. Ph.D. dissertation, University of California, San Diego, 1986.

[294] Shih, Chilin. Mandarin Third Tone Sandhi and Prosodic Structure. *Studies in Chinese Phonology*. Ed. Jialing Wang and Norval Smith. Walter de Gruyter, 1997: 81–123.

[295] Simpson, Andrew. Prosody and Syntax [A]. In: Huang et al. (eds.) *The Handbook of Chinese Linguistics*. Wiley Blackwell Press, 2014: 465–492.

[296] Soh, H. L. The Syntax and Semantics of Phonological Phrasing in Shanghai and Hokkien [J]. *Journal of East Asian Linguistics*, 2001(10): 37–80.

[297] Stekauer, Pavol & Rochelle Lieber. *Handbook of Word Formation* [M]. Spinger, 2005.

[298] Truckenbrodt, Hubert. *Phonological Phrases: Their Relation to Syntax, Focus and Prominence* [D]. Unpublished Ph.D. thesis. Cambridge, Massachusetts, MIT. 1995.

[299] Vigario, Marina. The *Prosodic Word in European Port-ugues* [M]. Mouton de Gruyter, 2003.

[300] Wiese, R. *The Phonology of German* [M]. Oxford: Clarendon Press, 1996.

[301] Wu, Z. *Grammaticalization and Language Change in Chinese* [M]. London: Routledge Curzon, 2004.

[302] Wurmbrand, Susi. *Infinitives: Restructuring and Clause Structure*[M]. Berlin:Mouton de Gruyter, 2001.

[303] Xu Yi. Effect of Tone and Focus on the Formation and Alignment of F0 Contours. *Journal of Phonetics*, 1999(27): 55–105.

[304] Yang, Charles. Computational Models of Language Acquisition. In Jill De Villers & Tom Roeper (eds.) *Handbook of Generative Approaches to Language Acquisition* [M].Spinger Press, 2011.

[305] Zhang, N. The Avoidance of the Third Tone Sandhi in Mandarin Chinese [J]. *Journal of East Asian Linguistics*, 1997(6): 293–338.

[306] Zhuang, Huibin. The Prosodic History of Chinese Resultatives[J]. *Language and Linguistics*, 2014: 575–595.

[307] Zou, Ke. Verb-Noun Compounds in Chinese [J]. *Southwest Journal of Linguistics*. 2003: Vol 22, No.1.

[308] Zubizarreta, M. L. *Prosody, Focus, and Word Order* [M]. Cambridge: The MIT Press, 1998.

[309] Zubizarreta, M. L. Nuclear Stress and Information Structure[A]. In: Caroline Féry and Shinichiro Ishihara (eds.) *The Oxford Handbook of Information Structure*. Oxford University Press, 2014.

[310] Zwicky, A. M. & Pullum, G. K. The Principle of Phonology-Free Syntax: Introductory Remarks [J]. *Working Papers in Linguistics*, Columbus, OH: The Ohio State University, 1986(32): 63–91.

术语表

B
报废（rule out，第一章 3 页）
比较语言学（comparative linguistics，第一章 9 页）
补述语（complement，缩写为 comp.，第一章 14 页）

C
参数（parameter，第一章 2 页）
层级结构（hierarchical structure，第一章 2 页）
长音（long sound，第二章 46 页）
常韵（ordinary rhyme，第二章 37 页）
超音段特征（supra-segmental features，第二章 44 页）
重叠形态（reduplication，第二章 50 页）
词体条件（minimal-/maximal-word condition，第一章 22 页）
次位附缀（second position clitics，第四章 110 页）
错配（mismatch，第二章 73 页）

D
动名词（gerund，第三章 87 页）
短音（short sound，第二章 46 页）
短语边界调（phrasal boundary tone，第四章 99 页）
短语结构限定条件（phrase structure constraint，简称 PSC，第一章 9 页）
短语重音（phrasal stress，第四章 99 页）

F

辅音丛（consonant cluster，第二章 57 页）

副现象（epiphenomenon，第一章 16 页）

G

功能词（functional word，第一章 28 页）

构词句法（morphosyntax，第七章 181 页）

管辖式核心重音（government-based NSR，第四章 101 页）

过滤模型（filter model，第四章 102 页）

过滤器（filter，第一章 3 页）

H

核心重音（nuclear stress，简称 NS，第一章 5 页）

核心重音规则（nuclear stress rule，简称 NSR，第二章 72 页）

核心重音指派者的最大极限（maximality condition on NS-assigner，第一章 22 页）

J

基干树形（elementary tree，第四章 101 页）

计量格（quantitative meter，第二章 43 页）

计数律（counting meter，第二章 43 页）

交互作用（interaction，第一章 3 页）

焦点凸显原则（focus prominence rule，简称 FPR，第二章 49 页）

焦点重音（focus stress，第二章 48 页）

节律（metric，第二章 41 页）

节律模板（metrical template，第二章 41 页）

节律外成分（extrametricality，第二章 43 页）

节律音系学（metrical phonology，第二章 41 页）

节拍（beat，第二章 41 页）

节外拍（anacrusis，第二章 42 页）

节奏（rhythm，第二章 34，39，40 页）

结构语言学（structural linguistics，第一章 9 页）
界面（interface，第一章 3 页）
句调（sentential intonation，第二章 52 页）
句法自主（autonomous syntax，第一章 3 页）

K 空拍（empty beat，第二章 41 页）

L 历史音系学（historical phonology，第二章 35 页）

M 马赛克的谐趣韵脚（mosaic rhyme，第二章 36 页）

N 黏附词（clitic，第四章 96 页）
　　—前接型黏附词（enclitic，第四章 98 页）
　　—后接型黏附词（proclitic，第四章 98 页）

P 匹配（mapping，第二章 68 页）

Q 强重音诗律（strong-stress meter，第二章 43 页）
轻音（weak form，第二章 47 页）
全韵（full rhyme，第二章 37 页）

S 删除（rule out，第一章 3 页）
深重原则（depth stress principle，第一章 7 页，第四章 100 页）
声调（tone，第一章 34 页）
诗律（poetic prosody，第二章 42 页）
诗律效应（poetic effect，第二章 55 页）
时长（lengthening，第二章 40 页）

树形嫁接语法（tree adjoining grammar，简称 TAG，第四章 101 页）

宿主（host，第四章 98 页）

T
通理（generalization，第七章 177 页）
突出（prominent，第二章 47 页）
退化音步/蜕化音步（degenerate foot，第二章 59 页）

W
外宾语（extra argument，第一章 17 页）
文律（prosaic prosody，第六章 160 页）

X
习语化（idiomtization，第七章 179 页）
相对凸显原则（relative prominence principle，第二章 41 页）
响度（loudness，第二章 40 页）
响度（sonority，第二章 55 页）
形式句法学（formal syntax，第二章 64 页）
形式科学语言学（linguistics as a formal science，第一章 9 页）
选择式核心重音（selectionally-based NSR，第四章 101 页）

Y
腰韵（internal rhyme，第二章 38 页）
移位（movement，第四章 94 页）
抑扬五步律（iambic pentameter，第二章 43 页）
音步（foot，第二章 54，58 页）
音段（segment，第二章 41 页）
音高（pitch，第一章 33 页）
音节计时（syllable-timed，第二章 40 页）
音节-重音诗律（syllable-stress meter，第二章 43 页）

音系短语（phonological phrase，第四章 98 页）
音型格（patterning meter，第二章 43 页）
音韵学（historical phonology，第二章 35 页）
吟诵（performance prosody，第二章 42 页）
语调（intonation，第二章 33 页）
语调短语（intonational phrase，第四章 122 页）
语法标记功能（marker/indicator，第一章 32 页）
语法激活功能（syntactic activator，第一章 32 页）
语法删除功能（syntactic filter，第一章 32 页）
语气（mood，第二章 45 页）
原则（principle，第一章 2 页）
运作层面（level of operation，第一章 2 页）
韵律（prosody，第一章 1 页）
韵律词（prosodic word，第二章 54，60 页）
韵律短语（prosodic phrase，第四章 95，98 页）
韵律构词学（prosodic morphology，第一章 3 页）
韵律激活的句法并入（prosodically activated syntactic incorporation，第四章 120 页）
韵律激活的句法复制（prosodically activated syntactic copy，第四章 120 页）
韵律激活的句法移位（prosodically activated syntactic movement，第四章 120 页）
韵律句法学（prosodic syntax，第一章 2 页）
韵律黏附组（prosodic clitic group，第四章 95 页）
韵律诗体学（poetic prosody，第一章 2 页）
韵律特征（prosodic features，第二章 44 页）
韵律形态（prosodic morphology，第二章 75 页）

韵律形态句法（prosodic morphosyntax，第一章 18 页）
韵律学 / 韵律音系学（metrical phonology，第一章 1 页）
韵律语法（prosodic grammar，第一章 1 页）
韵律语体学（prosodic register，第一章 1 页）
韵素（mora，第二章 38 页）
韵素律（mora-counting meter，第二章 43 页）

Z

真（true/truth，第一章 8 页）
支配（dominate/govern，第一章 7 页）
中级语调短语（intermediate intonational phrase，第四章 98 页）
重型名词短语移位（heavy NP shift，第四章 102 页）
重音（stress，第二章 33 页）
重音计时（stress-timed，第二章 40 页）
主短语（major phrase，第四章 98 页）
最小词（minimal word，第一章 18 页）
最小词汇词（minimal lexical words，第三章 76 页）
最小词条件（MinWd condition，第一章 22 页）

北京大学出版社语言学教材方阵

博雅21世纪汉语言专业规划教材：专业基础教材系列

现代汉语（第二版）上册　黄伯荣、李炜主编
现代汉语（第二册）下册　黄伯荣、李炜主编
现代汉语学习参考　黄伯荣、李炜主编
语言学纲要（修订版）　叶蜚声、徐通锵著，王洪君、李娟修订
语言学纲要（修订版）学习指导书　王洪君等编著
古代汉语　邵永海主编（即出）
古代汉语阅读文选　邵永海主编（即出）
古代汉语常识　邵永海主编（即出）

博雅21世纪汉语言专业规划教材：专业方向基础教材系列

语音学教程（增订版）　林焘、王理嘉著，王韫佳、王理嘉增订
实验语音学基础教程　孔江平编著
词汇学教程　周荐著
简明实用汉语语法教程（第二版）　马真著
当代语法学教程　熊仲儒著
修辞学教程（修订版）　陈汝东著
汉语方言学基础教程　李小凡、项梦冰编著
语义学教程　叶文曦著
新编语义学概要（修订版）　伍谦光编著
语用学教程（第二版）　索振羽编著
语言类型学教程　陆丙甫、金立鑫主编
汉语篇章语法教程　方梅编著
汉语韵律语法教程　冯胜利、王丽娟著

新编社会语言学概论　祝畹瑾主编
计算语言学教程　詹卫东编著（即出）
音韵学教程（第五版）　唐作藩著
音韵学教程学习指导书　唐作藩、邱克威编著
训诂学教程（第三版）　许威汉著
校勘学教程　管锡华著
文字学教程　喻遂生著
汉字学教程　罗卫东编著（即出）
文化语言学教程　戴昭铭著（即出）
历史句法学教程　董秀芳著（即出）

博雅21世纪汉语言专业规划教材：专题研究教材系列

实验语音学概要（增订版）　鲍怀翘、林茂灿主编
现代汉语词汇（第二版）　符淮青著（即出）
现代汉语语法研究教程（第四版）　陆俭明著
汉语语法专题研究（增订版）　邵敬敏等著
现代实用汉语修辞（修订版）　李庆荣编著
新编语用学概论　何自然、冉永平编著
外国语言学简史　李娟编著（即出）
近代汉语研究概要　蒋绍愚著
汉语白话史　徐时仪著
说文解字通论　黄天树著
甲骨文选读　喻遂生编著（即出）
商周金文选读　喻遂生编著（即出）
音韵学讲义　丁邦新著
音韵学答问　丁邦新著
音韵学研究方法导论　耿振生著
汉语语音史教程（第二版）　唐作藩著
汉语语音史纲要　张渭毅编著（即出）

博雅西方语言学教材名著系列

语言引论(第八版中译本)　弗罗姆·金等著,王大惟等译
语音学教程(第七版中译本)　彼得·赖福吉等著,张维佳译
语音学教程(第七版影印本)　彼得·赖福吉等著
方言学教程(第二版中译本)　J. K. 钱伯斯等著,吴可颖译
构式语法教程(影印本)　马丁·希伯特著
构式语法教程(中译本)　马丁·希伯特著,张国华译